黒川由紀子・フォーク阿部まり子 [編著]

高齢者の
マインドフルネス認知療法

うつ, 緩和ケア, 介護者のストレス低減など

誠信書房

＊＊＊＊＊＊＊
刊行に寄せて　Ⅰ

　本書はさまざまな点で素晴らしい本です。その理由をいくつかここにあげたいと思います。マインドフルネス瞑想が，西欧で人気を得，一般の人々の想像力をかき立て続けているなか，それをあらゆる病いの万能薬とみてしまう傾向があります。そうしたなかで本書の編著者のひとりフォーク阿部まり子氏は，マインドフルネス実践を高齢者のニーズに合わせるという，より深い技能を発揮する道を切り拓かれました。それこそが，ジョン・ティーズデール，マーク・ウイリアムスと私が，うつ経験者の再発予防のためのマインドフルネス認知療法（MBCT）を構築したときのアプローチでした。さらに，本書はマインドフルネス実践が高齢者に多大な影響を与えるであろう，より広い分野の著名な専門家を一堂に集めています。実践教育と研修への豊かなガイダンスが，介護者，許しの重要性，緩和ケアや心理療法の役割などを解説した章において，臨床経験や実証研究成果を導入しながら，きめ細かに説明，記述されています。

　本書が日本での刊行を迎えるにあたり，これはガラス瓶の中のメッセージであるようにも思われます。もしかしたら，本書の発する影響の波に乗ってこの瓶が太平洋を渡り，北米の岸にうち上げられるかもしれません。そして蓋が開けられ，英訳の出版につながり，いっそう多くの読者が本書の叡智から学ぶことのできる日が来るかもしれません。

　2017年12月　カナダ，トロントにて
　　　　　　　　　　　　ジンデル・シーガル（Zindel Segal, Ph. D.）[*1]

[*1]　シーガル氏は『マインドフルネス認知療法』（越川房子監訳，北大路書房，2007年刊）の第一著者であり，ほかにも多数の著書がある。現在もトロント大学にて研究および教鞭を執っている。

＊＊＊＊＊＊
刊行に寄せて　II

　本書は，高齢者を対象とするマインドフルネス訓練について語った世界で初めての本です。健康に関する研究や心理療法のなかで，世界的に高齢者への考慮があまりなされていない現状において，本書の必要性を確信しています。もちろん高齢者のニーズが若い人々と同じならば，そのような書籍の必要性は低いのかもしれませんが（これは高齢者の能力がより劣るとか，より視野が狭いという意味を含むものではないことを断っておきます）。

　ここ西欧においては，日本では高齢者がより敬われていると聞いています。それが事実だとしても，おそらく，日本でも他の多くの国・地域と同様，高齢者は一般社会（若者だけでなく，一部の高齢者自身も！）から，自分になじみのあるやり方に固執し，思考が柔軟でないと考えられがちでしょう。イギリスのメンタルヘルス・サービスを通して私が施行した高齢者対象のマインドフルネスストレス低減法（MBSR）やマインドフルネス認知療法（MBCT）のコースに参加した人々は，その寛容な心と熱意を大いに発揮して，私自身が高齢者に抱いていた偏見を暴き，打ち破るものでした。本書に記されている実践もそのような誤解を解いてくれることでしょう。

　私は，フォーク阿部まり子氏の実践と研究をよく存じ上げていますが，このマインドフルネス訓練が，うつと不安に悩む高齢者のみでなく，非常に多くの家族介護者（その多くが高齢者自身）にも応用されてきていることには心が温まる思いです。フォーク氏の最近の実践研究である，注意の集中，洞察の開発とセルフ・コンパッションを包容した，マインドフルネスに基づく許しのグループは，まさに認知行動療法の第三の波の実践的応用の好例であると考えます。

　第6章と7章では，他の心理療法におけるマインドフルネス訓練が記され，がん患者の個人心理療法がケースを通して描写され，さらに掘り下げ

られています。

　第8章では，高齢者への心理療法において，マインドフルネスがどこに，いかに位置づけられるかという重要な視点が述べられています。老年の発達課題への考察と同様，戦争を体験した世代であるなど，そのコホート効果の重要性にも注意を促すことは大切です。

　本書は日本における（そして，潜在的にはより広い地域において。個人的には，本書が英語でも出版されたら，と願うのですが）マインドフルネスに基づく介入の開発において，重要な役割を果たすことでしょう。

2017年12月　イギリス，ランカシャイヤーにて
　　　　　　　　　　　アリステア・スミス（Alistair Smith）[*2]

[*2]　スミス氏は高齢者対象のマインドフルネス訓練の先駆者である臨床心理士。イギリスでMBSRとMBCTを数多くの高齢者に提供した。その研究は出版されている。現在は退職。

＊＊＊＊
はじめに

　本書は，高齢者のマインドフルネス認知療法を取り上げる世界で初めての本である。もうひとりの編著者フォーク阿部まり子さん（以後，いつものようにまり子さんと呼ばせていただく）は，ミシガン大学で高齢者のマインドフルネス認知療法やマインドフルネスに基づく許しのセラピーの実践，研究にあたってこられた。私がまり子さんと出会ったのはミシガン大学老年学セミナーの場であった。このセミナーはルース・キャンベル氏を中心に企画され，1992年から12年間，日本から高齢者医療保健福祉の多職種の専門家が約20名ずつミシガン大学に集まり，2週間寝食をともにし，高齢者ケアのチームアプローチを学び，多数の機関に見学に出向き，深夜までディスカッションを行った。まり子さんは通訳チームの責任者であり，コーディネーター役も務められた。セミナーの多くの卒業生は，その後日本の高齢者ケア，高齢者政策を牽引する立場で活躍することとなったが，日米の橋渡し役としてまり子さんの存在は大きかった。

　まり子さんは高齢者のマインドフルネス認知療法の先駆者である。薬物療法，認知行動療法，精神分析など，他のセラピーを受けて効果がなかった高齢患者さんが，まり子さんにヘルプを求めて列をつくっている。実際に，まり子さんのマインドフルネス認知療法を受けるための順番待ちの列があるのだ。サバティカルの折りにまり子さんのセラピーグループに参加させていただいたとき，"This is great Mariko, Thank you!" と，まり子さんに感謝し，謝意を伝える高齢患者さんの姿をたくさん見た。まり子さんの確かな技術と人間性を背景とするマインドフルネス認知療法に深い感銘を受け，ぜひまり子さんの仕事を日本の読者に伝えたいと考えた。本書は，高齢者とマインドフルネス認知療法やマインドフルネスを応用したセラピーについて，まり子さんを中心にマインドフルネスを臨床に取り入れておられる方々に執筆をお願いした。

序章では，日本におけるマインドフルネスの歴史，現状，課題に触れている。マインドフルネスがまだ注目されていなかった1990年代に，春木豊先生が瞑想，ヨガ，気功を行動変容の技法として捉え直し，研究者ネットワークの構築に尽力された。それが行動変容としての瞑想を活用した黎明期だった。そのネットワークのなかにジョン・カバットージン（Jon Kabat-Zinn）が含まれていたという。マインドフルネスを，「今，ここで生きている身体を大切」にし「人生を豊かに歩むための叡智」としつつ，さらに精緻な研究や適さない場合を明らかにする必要性を指摘している。

　第1章では，高齢者へのマインドフルネス認知療法の理論と実際を取り上げる。マインドフルネスとは何かを仏教の経典にさかのぼって論じ，マインドフルネス認知療法誕生までの経緯，うつ病の再発予防につながるメカニズム，その中核をなす4つの価値観を論じる。続いて，マインドフルネス認知療法の効果評価研究について，一般成人と高齢者に分けて取り上げる。

　第2章では，ミシガン大学で地域の高齢者を対象としたマインドフルネス認知療法のグループの具体例と実践方法を紹介する。参加者募集，アセスメント面接の実際，準備，場所・時間の設定，8週間のセッションの実際などがわかりやすく示してみせる。インストラクターの役割と課題について，マインドフルネス認知療法を行う者にとって役立つノウハウが惜しみなく紹介される。高齢者に施行する際の利点と留意点は，これから高齢者に施行しようとする人にとって大いに参考になるだろう。最後に，尺度を用いた評価の事例を提示する。

　第3章では，認知症の家族介護者に対するマインドフルネスを取り上げる。場所がミシガン大学の植物園というのも特徴的である。介護に明け暮れる家族が，季節折々の植物に囲まれ，新鮮な空気を吸いながらマインドフルな時間をもつ意義は大きい。家族介護者には他者に理解されにくい苦悩がある。マインドフルネスを実践することによって家族介護者のレジリエンスが高まり，困難やストレスに対応することが可能となる。

　第4章では，高齢者を対象としたマインドフルネスに基づく許しのセラピーグループを紹介する。高齢になり，それまでの人生で傷つき，怒りや後悔を引きずり，未解決の葛藤に苦しむ人がいる。そして，心安らかに人

生の終わりを迎えるために誰かを「許したい」と願う。創始者ラスキンによれば，「許すのは加害者のためではなく自分のため」である。本章では許しのメカニズムを論じたうえで，高齢者に対する許しのセラピーの意義が述べられ，効果評価の方法と結果が事例に基づいて示される。

第5章では，マインドフルネスに基づく許しのセラピーグループの具体的な施行方法を紹介する。高齢参加者を対象に，1週間に1回，2時間半のセッションが8回，3カ月後にフォローアップの同窓会が施行される。レーズンエクササイズ，呼吸法などマインドフルネスのワークやセルフ・コンパッションを取り入れながら，傷つけられた状況を思い浮かべ，身体感覚に気づきを向けつつ，段階を踏んで許しに向かう。章の終わりに事例が提示される。

第6章では，認知行動療法の大会で初めてマインドフルネスが取り上げられた場面を紹介する。マインドフルネスの理論を組み込んだ認知行動療法，マインドフルネスのアプローチを活用した認知行動療法について論じる。標準的な認知行動療法とマインドフルネスの違いを認識したうえで，いかにマインドフルネスを応用するかを検討することの重要性が指摘される。

第7章では，緩和ケアにおけるマインドフルネスを論じる。緩和ケアの歴史を踏まえ，緩和ケア領域でマインドフルネスを適用した先行研究，乳がん，子宮癌，慢性心不全の患者への個人セッションでマインドフルネスを活用した事例が紹介される。緩和ケア領域では，余命が限られ種々の制限がある患者に対し，構造化された長時間のグループセラピーを施行できないことが多いため，個人セッションでマイドフルネスを施行する意義は大きい。

第8章では，高齢者の心理療法の概要，マインドフルネスを取り入れる意義を論じる。うつ病の高齢者に対する構造化されたマイドフルネス認知療法の実践が日本では限られている現状において，マインドフルネスを適用する利点や課題について述べる。高齢者は心理療法に馴染みにくいとしばしば指摘されるが，仏教に由来するマインドフルネスは日本の高齢者には違和感が少ない方法であり，老化抑制につながるという研究報告もある。マインドフルネスは高齢者が終末期まで継続できる方法である。

本書が，これから高齢者にマインドフルネス認知療法を施行しようとしている方，高齢者の従来のセラピーの一部にマインドフルネスを応用してみたい方，マインドフルネス認知療法の施行方法を学びたい方にとって，少しでもヒントになることがあれば，執筆者一同幸いである。

　本書が完成するまでに，多くの方のお世話になった。まり子さんのご縁で光栄にも序文をお寄せくださったシーガル氏，スミス氏，序章をご執筆くださった日本マインドフルネス学会理事長の越川房子先生に心より感謝申し上げる。誠信書房（当時）の松山由理子さん，曽我翔太さんには大変お世話になった。記して深謝申し上げる。

　2017年12月

黒川由紀子

目 次

刊行に寄せて I　*iii*

刊行に寄せて II　*iv*

はじめに　*vi*

序章　日本におけるマインドフルネスの展開 …… *1*

第 1 節　マインドフルネスに対する関心の高まり　*1*
第 2 節　日本における導入　*2*
第 3 節　欧米の展開からの影響　*4*
第 4 節　マインドフルネスに対する理解の浸透　*5*
第 5 節　マインドフルネスと宗教における瞑想　*6*
第 6 節　わが国におけるマインドフルネスの展開　*7*

第 1 章　高齢者へのマインドフルネス認知療法の理論と背景 …… *9*

第 1 節　はじめに　*9*
第 2 節　マインドフルネス認知療法誕生に至る背景と経緯　*12*
第 3 節　マインドフルネス認知療法のメカニズムとそれを支える価値観　*14*
第 4 節　マインドフルネス認知療法の主な効果評価研究　*20*
第 5 節　グループで行う有効性　*21*

第 2 章　高齢者へのマインドフルネス認知療法の実際 …… 23

- 第1節　マインドフルネス認知療法グループを開始するまで　23
- 第2節　セッションの進め方（8セッションと黙想会およびフォローアップ・セッション）　29
- 第3節　インストラクターの役割と課題　43
- 第4節　高齢者に施行する際の利点と留意点　47
- 第5節　マインドフルネス認知療法を実践した5グループの評価と事例　48
- 第6節　まとめ　56

第 3 章　家族介護者のためのマインドフルネス——高齢者・認知症者とともに生きる人びとのケア …… 58

- 第1節　はじめに——なぜ介護にマインドフルネス？　58
- 第2節　マインドフルネス実践としての介護　61
- 第3節　介護者の立場からみたマインドフルネス実践の基礎となる態度　73
- 第4節　マインドフルネス認知症ケアとは何か　76
- 第5節　おわりに　80

第 4 章　高齢者へのマインドフルネスに基づく許しのグループ療法の理論と背景 …… 83

- 第1節　はじめに　83
- 第2節　許しのメカニズムとこれまでの許しのグループ心理療法の研究　88
- 第3節　許しのプロセスにおけるマインドフルネスとセルフ・コンパッション　90
- 第4節　マインドフルネスに基づく許しのグループ療法の有効性——筆者の予備研究から　94

第5章　高齢者へのマインドフルネスに基づく許しのグループ療法の実際……99

第1節　グループを開始するまで　*99*
第2節　セッションの進め方（8セッションとフォローアップ・セッション）　*101*
第3節　インストラクターの役割と課題　*117*
第4節　高齢者に施行する際の利点と留意点　*118*
第5節　マインドフルネスに基づく許しのグループの事例　*118*
第6節　考察とまとめ　*121*

第6章　認知行動療法におけるマインドフルネス……*124*

第1節　はじめに　*124*
第2節　マインドフルネスを組み込んだ認知行動療法　*126*
第3節　認知行動療法におけるマインドフルネスの活用　*132*
第4節　まとめ　*137*

第7章　緩和ケアにおけるマインドフルネス導入の試み……*141*

第1節　緩和ケアにおける心理療法とマインドフルネス　*141*
第2節　緩和ケアにおけるマインドフルネス導入の試み　*144*
第3節　緩和ケアにおけるマインドフルネスの展開　*159*

第 8 章　高齢者の心理療法とマインドフルネス …… *162*

第 1 節　高齢者のこころと心理療法　*162*
第 2 節　日本の高齢者にマインドフルネスを応用する可能性　*168*
第 3 節　おわりに　*171*

文献　*173*
付録 CD のスクリプト　*191*

主要な略称一覧

略 称	正式名称	邦 訳
ACT	Acceptance and Commitment Therapy	アクセプタンス&コミットメント・セラピー
DBT	Dialectical Behavior Therapy	弁証法的行動療法
MBCT	Mindfulness-Based Cognitive Therapy	マインドフルネス認知療法
MBDC	Mindfulness-Based Dementia Care	マインドフルネス認知症ケア
MBF	Mindfulness-Based Forgiveness	マインドフルネスに基づく許し
MBRP	Mindfulness-Based Relapse Prevention for Addictive Behaviors	
MBSR	Mindfulness-Based Stress Reduction	マインドフルネスストレス低減法
MSC	Mindful Self-Compassion	

序章

日本におけるマインドフルネスの展開

越川房子

第1節 マインドフルネスに対する関心の高まり

　つい最近まで，マインドフルネスは耳慣れない言葉であった。しかし2017年現在では，日常生活でもよく見聞きするようになってきている。一般の人々への浸透は，TV 番組，大手新聞各紙，また雑誌などでマインドフルネスが扱われたことによる。

　今やブームと形容するのが似つかわしい感のある関心の高まりは，わが国では心理臨床の領域から始まったといってよい。例えば，国立情報学研究所が提供するデータベース CiNii で「マインドフルネス」をキーワードに論文を検索すると，2001年から2005年の5年間で6件，2006年から2010年で54件，2011年から2015年で257件，2016年は1年間で96件，2017年は143件ヒットする（2018年3月現在）。2017年のペースが4年間続くとすれば2016年から2020年までの5年間で約670件ということになり，データベースに加えられる情報リソースが年々増加していることを考慮しても，かなりの勢いで研究の蓄積が進んでいるといえる。とくに初期の論文は，そのほとんどが心理臨床の領域からのものである。

　また論文数の大きな増加は2008年，2012年，2015年にみられる。2008年の増加は2007年にマインドフルネスに関連する翻訳が3冊出版されたこと（後述），2012年の増加は心理臨床領域にマインドフルネスを導入したパイオニアとして知られるカバットージン（Kabat-Zinn, マサチューセッツ大学医学部名誉教授）が来日してマインドフルネス瞑想の実際を紹介したこと，2015年

の増加はこの年に学会での研究発表がその前後の年に比べて多かったこと,および一般書籍などで特集が組まれ,そこに多くの論文が所収されたことが影響している。

第2節 日本における導入

　最近になって注目を浴びているマインドフルネスではあるが,マインドフルネスという瞑想技法それ自体は,1990年代にすでに日本に紹介され,ごく一部の研究者からは注目されていた。例えば春木豊（早稲田大学名誉教授）は,東洋の思想・宗教を出自とする修行・実践である瞑想,ヨガ,気功などを行動変容の技法として捉え直し,マインドフルネスや瞑想がまったく注目されていなかった時代に,国際的な研究者のグループを形成し,研究の展開に努めた。このネットワークは,オランダのモーリッツ・クウィー（Kwee et al., 2006）という,優れたネットワーク構築力を有する瞑想研究者のサポートを得て,欧米の研究者にとどまらず中国,オーストラリア,スリランカの研究者や実践家を含むものであった。

　このネットワークのベースになったのは,1992年に幕張で開催された"Makuhari Symposium: Comparative and Psychological Study on Meditation"と題された国際的なワークショップに招聘された瞑想研究者たちであった。このときのメンバーは,それまでに学術雑誌で発表された瞑想に関わる論文の著者から春木が選び出した研究者・実践家であり,オーストラリアと日本から各3名,アイルランド,イギリス,アメリカ合衆国,オランダから各1名,という構成であった。当時,早稲田大学にソニー創業者の一人である井深大氏によって寄付された基金があり,その使用目的が日本の叡智を国際的に発信することであったことから,東洋の身体技法を行動変容の技法として再検討していた春木がその責任者を任されていた。春木はこの基金を活用して,瞑想に関する研究を発表していた研究者を招聘してワークショップや国際会議を開催し,日本における瞑想研究の発展と国際交流の一翼を担った。このときの招聘研究者の一人が先述のカバットージンであり,彼はワークショップで「マインドフルネス瞑想」と題する発表とその具体的方法のデモンストレーションを行った。これが日本における最

初のマインドフルネス瞑想の体験であるとともに，世界的にみても非常に早い時期におけるマインドフルネスの紹介であったといえる。このとき発表された研究の一部は書籍としてまとめられ出版された（Haruki et al., 1996）。

　しかしマインドフルネスという言葉についていえば，おそらく1990年に京都で開催された国際応用心理学会で春木が企画した瞑想に関するシンポジウムに登壇したシャピロ（Shapiro）の研究発表が最初であろう。先述した1992年のワークショップにも当初はシャピロの登壇が予定されていたが日程調整の関係で参加が叶わず，彼が推薦したカバットージンが招聘されることになった。カバットージンは，心理臨床の領域にマインドフルネスを導入したパイオニアであり，マインドフルネスストレス低減法（Mindfulness-Based Stress Reduction: MBSR）プログラムの開発者でもある。このプログラムは当初，慢性疼痛の人々を対象に用いられたが，ストレス低減という言葉からわかるように，特定の疾患に向けて開発されたというよりも，さまざまな心の不調に苦しむ人に適用できるものとなっている。このMBSRプログラムの一般向け解説書である *Full Catastrophe Living*（Kabat-Zinn, 1990）の翻訳も，実は1993年にすでに出版されていた（『生命力がよみがえる瞑想健康法』，のち『マインドフルネスストレス低減法』と改題して再版）。このように1990年代のはじめにマインドフルネスという言葉は日本に届いていたが，わが国において再びマインドフルネス瞑想に光が当たるのは21世紀を迎えてからのことになる。

　日本におけるマインドフルネス瞑想は，1990〜2000年あたりを第1期「紹介の時期」と考えることができる。この後，1995年に起こったオウム真理教事件の影響も影を落とし，瞑想への関心自体はむしろ下火となり，大きく広がることはなかった。しかし東洋的行法に関する研究は，早稲田大学の春木，駒澤大学の中村昭之，東洋大学の恩田彰らを中心とするグループによって，日本心理学会の自主シンポジウムや自主ワークショップを通じて細々と継続されていた。

　また第1期は，瞑想は心理的問題を抱えている人への適用よりも，健常な人の精神的健康の向上や維持に利用するという考え方が主流であり，精神的な問題への適用には慎重であったといえる。しかし最近では，マインドフルネス瞑想をベースとする心理教育が不安障害，気分障害，さらには

統合失調症など幅広い精神症状に有効であることが報告されるなど（例えば，Chien & Thompson, 2014），さまざまな精神疾患に対して適用が広げられている。もともとは健康な人を対象としていた瞑想技法が，精神的な病いに苦しむ人に対しても適用を広げることができた背景には，向精神薬の進歩によって症状が緩和されることで，瞑想実践に重要な，注意を集めたり広げたりすることが可能になってきたことがあげられる。

第3節　欧米の展開からの影響

　ここで少し欧米での展開の様子に触れておきたい。欧米では Mindfulness をタイトルに含む論文の数は2002年頃から増加しはじめている。この増加のひとつの背景として，2002年の *Mindfulness-based cognitive therapy for depression: A new approach to preventing relapse*（Segal et al., 2002）の出版をあげることができる。この本には，マインドフルネス認知療法（Mindfulness-Based Cognitive Therapy: MBCT）が，ランダム化比較試験の結果，3回以上の再発を繰り返しているうつ病の再発抑止に有効であることや，その効果機序に関する説明だけでなく，詳しいプログラムの内容とクライエントへの配布資料が含まれていた。また，著者たちが認知行動療法の分野ですでに著名な研究者であったことは，瞑想がまとう宗教的あるいはスピリチュアルなイメージを払拭し，科学的方法論によって効果が実証されていることを印象づけるのに大きく役立った。これらのことが，心理臨床の現場での導入と追試研究を強く促進したといえる（越川, 2014）。

　また MBCT のようにマインドフルネスを介入の主要素とするのではなく一要素として組み入れているものに，リネハン（Linehan）の弁証法的行動療法（Dialectical Behavior Therapy: DBT）とヘイズ（Hayes）のアクセプタンス＆コミットメント・セラピー（Acceptance and Commitment Therapy: ACT）がある。彼らやその共同研究者たちが実証的な研究によって効果検証に成功をおさめてきたことが，その効果を支える要素としてのマインドフルネスに対する注目を高めることにもつながった。

　こうした欧米の動向を受け，日本でも臨床現場におけるマインドフルネスの適用が盛んになってきた。この動きに大きな影響を与えたこととして，

以下をあげることができる。治療の難しい境界性パーソナリティ障害の治療にマインドフルネスを組み込み，一定の成果をあげたリネハンのDBTがわが国に紹介されたこと（例えば，井沢，2000），ヘイズら（2003）による *Mindfulness and acceptance: Expanding the cognitive-behavioral tradition* が『マインドフルネス＆アクセプタンス』（春木監修，2005）として翻訳出版されたこと，カバットージン（1993）の前掲書の翻訳が『マインドフルネスストレス低減法』（春木訳，2007）と題を改めて再版されたこと，同2007年にはさらに，シーガルら（2002）の前掲書が『マインドフルネス認知療法』（越川監訳，2007）として，リネハン（1993）の *Cognitive-behavioral treatment of borderline personality disorder* が『境界性パーソナリティ障害の弁証法的行動療法』（大野監訳，2007）として，翻訳出版されたことである。偶然にも2007年に，欧米でのマインドフルネスの展開に大きく影響した3冊の翻訳が日本で同時に出版されたことは，心理臨床の領域におけるマインドフルネスへの注目を一気に高めることにつながった。この2001～2010年あたりを第2期「心理臨床への適用」の時期と考えることができる。

第4節　マインドフルネスに対する理解の浸透

　マインドフルネスに関する書籍の出版と呼応して，心理臨床関連の学会でマインドフルネスに関するワークショップや精神医療現場でのマインドフルネスに関する研修会が数多く開催されるようになった。こうした機会を得てマインドフルネスの効果機序を学び，実際の瞑想実践を体験した臨床家や研究者たちは，それぞれの現場にマインドフルネス瞑想を持ち帰り，各自のフィールドで実際にこれをどのように適用していくかについての試行錯誤を始めた。

　ちょうどこの頃，「マインドフルネスフォーラム2012」が企画され，実行委員長であった春木の招きに応じてカバットージンが来日し，彼によるワークショップが開催された。そこではシンポジウム，1日ワークショップ，3日間のワークショップが企画され，臨床心理士，精神科医，医療従事者，対人援助ワーカー，関係領域の大学院生など多くの専門家が参加した。このシンポジウムは一般にも公開され，読売新聞でも取り上げられたことか

ら，一般の人々がマインドフルネスに触れる最初のきっかけとなったといえるかもしれない。これ以降，マスメディアによって紹介される機会が増えていった。また，この開催に尽力した当時の実行委員を中心として，2013年9月16日に日本マインドフルネス学会が設立され，春木がその会長を，そして筆者が理事長を務めることとなった。

日本マインドフルネス学会では，毎年1回の年次大会を開催し，マインドフルネスの学術的研究交流や研修会を通しての啓蒙活動を続けている。その一環として，学会の研修会参加者からの強い希望を受けて，2016年夏にMBCTの開発者のひとりであり，多くの国でMBCTプログラムや研修ワークショップをファシリテートしているオックスフォード大学名誉教授のマーク・ウィリアムズ（Williams et al., 2007など）を招聘し，シンポジウム，1日ワークショップ，3日間ワークショップ，ナイトセミナーを開催した。いずれも参加申し込みは定員を超え，多くの人が研鑽を積んだ。

こうした学会による研修会の機会の提供とは別に，個人的に研修の機会を求めて，あるいは留学先でマインドフルネスプログラムに出会うなどして，海外でトレーナーの資格を得てきている人も増えつつある。海外で開発されたプログラムがそのままのかたちで日本でも有効であるかについての実証的検討は今後を待つことになるが，こうした人々の力も得て，さらにマインドフルネスに対する適切な理解と実践が広がっていくことを強く願っている。

第5節　マインドフルネスと宗教における瞑想

マインドフルネス瞑想の源は，仏教の修行法として用いられる瞑想であるが，MBSR，MBCT，MSC（Mindful Self-Compassion）などで用いられるマインドフルネス瞑想は，宗教の色を外して科学的エビデンスに基づいて実施されている。そのため，中核となるマインドフルネス瞑想の実践方法自体は大きく違わないが，宗教的な説法に代わってそれぞれのテーマに特化した心理教育が含まれる。例えば，MBSRではストレス，MBCTではうつ病，MSCでは自己への慈しみについての心理教育が行われる。

カバットージンが2012年に来日した際，参加者から出されたマインドフル

ネス瞑想を学ぶ場所についての質問に対して，彼はヴィパッサナー瞑想を教えてくれるところへ行くこともひとつの手段である，と答えていた。マインドフルネス瞑想という言葉は，英語圏ではヴィパッサナー瞑想の訳語として用いられているからであろう。日本でヴィパッサナー瞑想を学び実践できる場所としては，日本テーラワーダ（上座部仏教）協会や日本ヴィパッサナー協会がよく知られている。

　ところで，マインドフルネス瞑想が宗教の色合いを取り除いていることから，自他不二の心，慈しみの心など宗教が大切にする心に欠けるのではないかという懸念を，宗教関係者からお聞きすることがある。筆者自身は，仏教を宗教というよりもむしろ人間を苦しみから解放するための認識論として捉えている。個人的には，時期の早い遅いはあっても，マインドフルネス瞑想を続けることで自他不二が洞察されるときが，そしてそれが思いやりという心の性質と通底するものであると実感されるときが訪れると考えている。またMBCT，とくにその第2版（Segal et al., 2013）では，マインドフルネス瞑想では好奇心だけでなく思いやりの心を運ぶことが強調されているし，MBSRは慈悲の瞑想を組み入れることが多く，MSCは自分への慈しみを通して他への慈しみにも影響を与えるプログラムである。宗教に一定の距離をおくことで，宗教を信仰しない人にも，それがめざすところと重なる心の態度や行動が可能となるという意味では，より多くの人と仏教がめざすものを共有することになるといえるのではないかと考える。

第6節　わが国におけるマインドフルネスの展開

　最近では，日本におけるマインドフルネスも，欧米と同様に，多くの領域やさまざまな対象へとその適用を拡げている。2011年以降は第3期「多領域への展開」の時期といえよう。2013年までの展開については越川（2014）に詳しいので，ここではそれ以後の展開を中心に述べる。従来から報告が重ねられている基礎研究（田中・杉浦, 2015; 永井ら, 2016; Ishikawa et al., 2017など），あるいは基礎理論の解説（熊野, 2016など）や医療・心理臨床領域での論文（越川・近藤, 2017など）に加えて，最近では福祉領域（池埜, 2014; 井上ら, 2015），矯正領域（吉村, 2014; 大江・亀田, 2015; 野村ら, 2016; 池埜, 2016），教育

領域（山川, 2017）, 産業領域（土屋ら, 2017; 奥田, 2017）, スポーツ領域（雨宮・坂入, 2015）へと広がりをみせている。

また対象者としては, カウンセラー, 看護職（奥田, 2017）, 医師（土屋・高宮, 2014）, ソーシャルワーカー, 教師, 緩和ケア・終末医療従事者（木甲斐ら, 2015）, 在宅ケア従事者（伊藤, 2017）など, 対人援助職のセルフケアへの活用を意図したワークショップの開催や論文発表, 海外プログラムの紹介（高橋, 2015）などがなされている。対象者の年齢も, 従来の大学生・成人を中心とした研究のほかに, 幼児（大賀ら, 2015; 米山ら, 2015）, 児童（山下ら, 2105）, さらには高齢者（小杉, 2016）, 終末期（日吉・黒川, 2015）へと幅が広がってきている。

とくに, 高齢化社会といわれる現代の日本において, 高齢者を対象とする具体的なプログラム内容を提示している本書は, 今後に大きな影響力をもつであろう。こうしたさまざまな対象や機関での適用は, カタカナとなって逆輸入された感のあるマインドフルネス瞑想を, 日本の文化と社会のなかで, 私たち自身のものとして蘇らせることにつながる。今後の展開が大きく期待されるところである。

マインドフルネス瞑想は, 今ここに生きている身体を大切にして, 内外の刺激とそれに対する私たち自身の反応に意識の光をあてる。私たちの認識と行動が, 内外の刺激との相互作用の結果であることを考えると, この瞑想が自分の欲求が立ち現れるその瞬間に気づき, その犠牲とならず, それと巧みに付き合うことを可能にしてくれる方法であり, それゆえに人生を豊かに歩むための叡智を私たちにプレゼントしてくれるものであることがわかる。現在はある種ブームのような状況を呈している。こうしたブームは実証研究が示す以上のことを人々に期待させる。しかしマインドフルネス瞑想は, 心身の病気を治癒させる万能薬ではなく, また新しい心の態度を形成するには継続が必要となる。マインドフルネス瞑想には一定の効果があることは明らかであるが, 今後は, 効果を引き出すための要因として何が重要かを明らかにする研究や, 瞑想法が適さない場合があるとすればそれはどのような場合か, 何に気をつけて用いる必要があるのかなどについてのより一層の実証研究が求められる。

第1章

高齢者へのマインドフルネス認知療法の理論と背景

―――――― フォーク阿部まり子

第1節 はじめに

 マインドフルネスとは

「マインドフルネス」という聞き慣れない言葉が日本語になった。アメリカで長年暮らしている筆者には、毎年帰国するたびに本屋に立ち寄り、気になるトピックの本が本棚に現れているかを確かめる習慣がある。認知行動療法の日本語の本が出るまで、気にしはじめてから10年近くかかったのを記憶している。私がマインドフルネスに関心をもちだした当初も、はじめはごく限られた数の書籍しか見られなかった。しかしここ数年で、その言葉を含む書名が帰国のたびに増え、うれしく思っている。また、マスコミでも報道されるようになり、2016年には90歳の母からも、NHKテレビで見た、との国際電話が入った。

「マインドフルネス」は、ブッダが話したというパーリ語のsatiという言葉の英訳である。ちなみにその漢語訳は「念」（今と心という漢字）、日本語訳は「気づき」であろうか。もちろん、その訳とは別に「マインドフル」という英単語は存在する。「思慮深く、注意を払って」といった意味であり、オバマ大統領（当時）がテレビインタビューの際に使ったのを筆者も聞いたことがある。satiの英訳としての「マインドフルネス」はそんな日常語と比べて、より深い意味をもつ。仏典におけるマインドフルネスは、その語

を題にした紀元 1 世紀頃成立と推定される古い経典 *Satipaṭṭhāna-sutta*（『念處経』）に詳しい。そこでは，身体，感情（快感・不快感・そのどちらでもない感情），精神状態，仏の教え（無常・苦・無我など）への気づき，目覚めが説かれている。このような，現実へのより深い目覚めは，古今東西，宗教や哲学で取り上げられてきたものだが，このマインドフルネスが西洋のヘルスケアに導入され，応用されてから，まだわずか40年あまりしか経過していないことは注目に値する（Kabat-Zinn, 1990）。本章では，仏教の教えから離れたこの応用版，西洋の心理学を交えた，現代を生きるうえでの一助としての「マインドフルネス」の意味に焦点を絞りたい。

マインドフルネス認知療法（MBCT）では，マインドフルネスは，「今あるがままの状態に向けて，意図的に，今この瞬間に，批判することなく注意を傾けることによって，得られる気づき」（Segal et al., 2013, p. 132）と定義されている。マインドフルネスの3つの必須要素としては，①気づき，②この瞬間の体験，③受容（批判することなく，優しく受け入れる）があげられよう（Germer, 2005）。

2 マインドフルネス訓練でみられたさまざまな効果研究

ヘルスケアにおけるマインドフルネスは当初，医学ではどうすることもできない疼痛の緩和アプローチとして，ボストン市マサチューセッツ大学病院にて1970年代に初めて実施された。以来これは，マインドフルネスストレス低減法（MBSR）として，世界に広まっている。

昨今のマインドフルネスの研究は年々うなぎ上りに増加中である。その専門誌での発表数を年ごと（1980～2015）に示した図1-1からもそれは自明である。そのなかから，主な研究をごくかいつまんでここに紹介したい。

マインドフルネスの養成が，さまざまな精神障害および身体症状の緩和に効果があることは，この20数年の間，数多くの研究で実証され，報告されてきた。精神障害では，うつ障害（Segal et al., 2002, 2013），不安障害（Roemer et al., 2008），摂食障害（Kristeller et al., 2005），境界性パーソナリティ障害（Linehan, 1993a, 1993b），薬物依存（Witkiewitz et al., 2005），また身体症状では，高血圧（Ludwig et al., 2008）や慢性疼痛（Chiesa & Serretti, 2011b; Kabat-Zinn, 1990）への効果などが発表されている。さらに，マインドフルネスの養成が

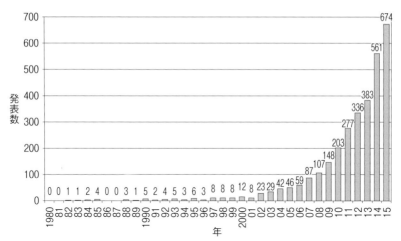

図1-1　学術誌に発表されたマインドフルネス研究数の年次推移（1980～2015）（American Mindfulness Research Association, 2016）

ストレス低減につながり（Hölzel et al., 2010; Kabat-Zinn, 1990），生きることへの充足感を増す（Kabat-Zinn 1990; Williams, 2006）という研究報告は，すでにその分野の専門家によく知られているものである。

　最近では，脳科学の発展に伴い，マインドフルネスの訓練が脳にもたらす変化を示す報告も多数発表されている。ストレスに直面したとき通常肥大する扁桃体の縮小（すなわち，ストレス耐性の強化），記憶や学習をつかさどるとされる海馬の拡張（Hölzel et al., 2010），情動のコントロールをするとされる前頭前皮質の厚みの増加（Lazar et al., 2005）という結果も発表されている。また，高齢参加者の脳スキャンを調べたところ，高齢化に伴う大脳皮質の減少ペースを落としている可能性があるとの研究報告もある（Lazar et al., 2005; Kurth et al., 2014）。これらは，加齢に伴う記憶力や思考力の衰えに歯止めをかける効果がマインドフルネスにあるのではないか，との期待をもたらした。

　最近出版された26研究のメタ分析（de Vibe et al., 2012）では，マインドフルネス養成により，うつ，不安，ストレスといった精神状態に対し，中程度ではあるが，持続的に（統計的に有意な）効果があるという結論を出している。また現時点までの脳科学の研究と参加者の報告をまとめた分析研

究（Hölzel et al., 2011）では，このようなマインドフルネスのもたらす効果は，4つの変化を通してなされていたという結論を出している。すなわち，①個人の注意力の向上，②身体感覚への気づき，③情動コントロール力の養成，④自己への見方の変化。

第2節　マインドフルネス認知療法誕生に至る背景と経緯

　1980年代の終わり頃から，それ以前は一過性とされていたうつ病が，一度発病したら再発のリスクが高くなる慢性疾患として注目されはじめた。認知行動療法は，抗うつ薬とともに，うつの治療法として当時すでに確立されていた。その認知行動療法の専門家であったトロント大学のシーガル教授は，1991年に民間財団マッカーサー財団から，うつ病の再発予防のためのメンテナンス・セラピーとしての認知行動療法を編み出してくれないか，との相談を受ける。こうして彼は，研究仲間であるイギリスの認知療法家2人，当時ケンブリッジ大学で研究していたティーズデール教授とそこからバンゴー大学に移ったウィリアムス教授に声をかけ，3人でうつ再発予防版作成にとりかかるのである。MBCTのバイブル兼マニュアルともいうべき彼らの著書（Segal et al., 2002, 2013）にその経緯は詳しく書かれているのでここでは省くが，当時はマインドフルネスのアプローチは念頭になかったという。彼らの焦点は，なぜうつ病から寛解した人たちの再発が発病暦のない人のうつ病発症率より高いのかを探り，そのメカニズムを解明することにあった。

　同じ時期，スタンフォード大学のノーレン-ホクセマ教授（Nolen-Hoeksema）は，サンフランシスコ大地震（1989年）の前と後に，同一集団を研究する機会に恵まれた。彼女はその調査で，つらい気分を味わった場合，例えば，地震の被害者としてつらさを体験した場合，人はさまざまな反応を示すということを明らかにした。ある人は自分に焦点をあてた反応，ある人は外に向けた反応をした。前者の思考パターンは，自分や自らの状況に関して「ああでもない，こうでもない」と頭のなかで堂々めぐりするというもので，彼女はこれを「反すう思考」と名づけた。そして，この傾向があった人たちは，被災後にうつの発生が多かったという調査結果を発表してい

る (Nolen-Hoeksema & Morrow, 1991)。その後，90年代から2000年代にかけてノーレン-ホクセマ教授は，反すう思考パターンとうつの相互関係の研究に大きな貢献を残したが，残念ながらがんのため2013年に53歳という若さでこの世を去られた。

　1990年当初，すでに認知行動療法の研究からわかっていたことは，自らの思考，とくに自分，自分の周りの世界，そして将来を，どのように考えているかが，自らの情緒や行動に大きな影響を与える，ということであった。しかし，この認知モデルは，自分，世界，将来へのネガティブな思考がうつのきっかけとなったり，うつを持続させたりする，という点にとどまっていた。うつから回復した人々の再発の危険性について探究していたシーガルらは，ノーレン-ホクセマの反すう思考研究に注目する。過去にうつ発病体験のある人たちが何らかの原因で落ち込む気分を味わった場合，以前うつ発病中に存在した反すう思考が自動的に蘇り，スパイラル状にうつ状態を悪化させると考えた (Segal & Ingram, 1994; Segal et al., 2002)。

　このような反すう思考から抜け出す方法として，「脱中心化」，すなわち，そんな思考から一歩外に出て，距離をおいてそれをみることにシーガルらは注目した。そして，「これはただの思考，頭のなかに湧いた思考であり，必ずしも，自己や現実を正確に反映しているとは限らない」ということに気づくことによって，反すう思考の下降スパイラルから抜け出すことができると考えた。

　シーガルらが，この「脱中心化」の具体的な方法を模索していた1991年，当時サバティカル（研究休暇）で，ケンブリッジ大学にアメリカから来ていたマーシャ・リネハン（Marsha Linehan）に出会ったことは，世界にとって幸いであったと筆者は思う。リネハンは，すでに境界性パーソナリティ障害の実証された治療法として確立していた弁証法的行動療法（DBT）の提唱者である。彼女は，この治療法の核に「マインドフルネス」獲得スキルをおき，さまざまなワークを通して，この「ボーダーライン」とよばれる感情や思考にとらわれやすい人々が，そんな感情や思考から距離をとり「脱中心的」に関わることができるための援助を行ってきた (Linehan, 1993a, 1993b)。彼女はシーガルらに，アメリカのボストンでMBSRを編み出して長年実施してきたジョン・カバットージン（Jon Kabat-Zinn）氏に会うよう薦めた。

1993年，シーガルらはボストンに行き，マサチューセッツ大学病院にて，医学ではどうにもできない疼痛に悩む人たちを対象にカバット-ジン（Kabat-Zinn, 1990）が実施していた MBSR を見学し，深い感銘を受けた。MBSR がグループ形式であることにも共鳴した。というのも，シーガルは当初から，多くの患者にとって個人カウンセリングとしての認知行動療法へのアクセスが困難であることに懸念を抱き，より効率のよいグループ療法の開発に関心を抱いていたからである。個人の否定的思考と感情に新しい関わり方を提供するマインドフルネスのもつ可能性に彼は注目し，否定的思考への「脱中心的」関わり方を促進するこのマインドフルネスが，うつの再発，および同時に起こる反すう思考や自己批判の防止に重要な役割を果たすのではないかと提案した。そこから，のちの MBCT が誕生するに至った。

第 3 節　マインドフルネス認知療法のメカニズムとそれを支える価値観

1　MBCT における「マインド」とは

　まず「マインド」について前置きをしたい。英語の名詞としての「マインド」という単語を，「心」と訳しているマインドフルネスや MBCT，MBSR の翻訳書を，筆者は何冊か目にした。英語の「マインド」と「ハート」は，仏教ではどちらも「心」である。ブッダが話したとされるパーリ語でも，その区別はない。ただ，英語の心理療法で使う「マインド」を，日本語の「心」と言い切ってしまうと，焦点がぼやけて，かえって明確な理解を妨げる場合もあるのではないか，と憂慮される。認知療法で使う「頭に浮かんだ思考」の「頭」は「マインド」である。英語を母国語とする臨床や研究仲間に，「マインドはどこ？」と聞いてみると，皆，頭を指さした。脳のある頭である。図1-2は，私たちのマインドで常に多くの思考が飛び交っていることを表したものだが，頭のイラストである。注意を払うのも，このマインドがする。心に湧く感情に気づくのも，このマインドである。その場合は，「意識」に近いかもしれない。また，異なった文脈では，日本語の「心」が妥当な場合もあろう。「マインド＆ボディ」という場合の

図1-2 24時間のあいだにマインドは7万もの思考をプロセス（Johnstone, 2012）

「マインド」は心を含んだ，精神状態という意味である。一方，「マインド，ボディ＆スピリット」という場合のマインドは，図1-2にあるように「考える頭」に近い。

2 MBCTのメカニズム

普段，私たちは「マインドレス」（「マインドフル」の対義語で，「あまり気づかずにぼうっと」という意味合い）に生きている。周りの出来事や湧き上がる感情に，自分の習慣となったパターンで反応しながら生きている状態である。そのような場合は，とくにうつを体験したことのある人たちにとっては，新しい落ち込みや失望の感情が湧いた際，うっかりぼうっとしていると，過去に自分をうつ病へと追いやった否定的思考が習慣的に現れ，そして，反すう思考の下降スパイラルに陥ってしまう危険性が高い。

従来の認知行動療法とマインドフルネスが合流して生まれたMBCTとは，マインドフルネスの訓練を通して，自分がその分岐点に立っていることに気づき，そのパターンを未然に防ぐというものである（図1-3）。

MBCTは，次の4段階からなる。

(1) 湧いてきた感情（C）に気づき，それに至った状況（A）とその解釈，

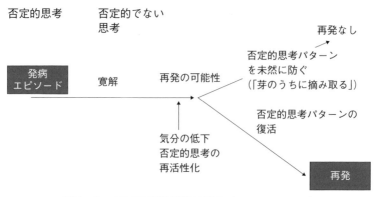

図1-3　MBCT再発予防モデル（Segal et al., 2002）

すなわち思考（B）に気づき，状況（A）と同じくらい思考（B）が，どんな感情が湧くかに影響を及ぼしていることを理解する。これは認知行動療法の基本となる ABC モデルである。MBCT では，これに加えて，身体感覚に気づく訓練もする。すなわち，以前には，「頭のなかで」解決しようとして反すう思考の下降スパイラルに陥っていたものを，より広い視野（現在の体験：身体や呼吸の感覚・感情・思考）からみる訓練である。

(2) その後，自分のマインドの状態（そのときの精神状態）も，その状況をどう解釈するかに大きく影響することをワークを通して体験する。ここまでの訓練を通して，思考や感情は必ずしも，自分や事実を正確に反映する固定された絶対的な真実ではなく，移り変わっていくものであることを体験し，学習する。

(3) このような気づきを通して，参加者は，過去にはうつ病へと追いやっていた自らの習慣的反応パターン（思考・感情・身体反応・行動）に気づき，つらい思考や感情を批判することなく，少し距離をおき，受容の態度をもって捉える。

(4) そして，新たに，批判することなく，自分へのいたわりとセルフケアの精神をもって，プラス方向に関わっていこうとする。

ここでのセルフケアとは，楽しい，または達成感のある行動体験が自ら

表1-1　「私はだめな人間」と感じたときの対応の違い

MBCT（マインドフルネス認知療法）	CBT（認知行動療法）
●「私はダメな人間」という思考に気づく	●「私はダメな人間」という思考内容に気づく
●自分へのいたわりの気持ちをもってこの思考に「脱中心的」に（批判することなく，距離をもって）気づく	●この思考の内容を調べて，より現実に即した内容に置き換える
●焦点：思考プロセス ●促進するもの：つらい感情や状況と共存できる新しい関わり方	●焦点：思考内容 ●促進するもの：つらい感情や状況の新しい見方

の感情にプラスの影響があることを学び，一瞬一瞬，どのような活動（アクティビティ）を選択するかの大切さを学び，うつ病へのスパイラル下降を防止するというものである（Segal et al., 2002, 2013）。

そして，「脱中心的」に関わるためのスキルおよび新たな視点を獲得するための訓練として，マインドフルネスを養成する。その際，マインドフルネス養成教材として，マインドフルネス瞑想（フォーマル）と，日々の活動に批判することなく注意を払う練習（インフォーマル）を行う。

MBCT と認知行動療法のアプローチの違いを，表1-1 に示す。

③ MBCT を支える核となる価値観

MBCT の中核をなす価値観は，次の4点があげられよう。

❀「あること Being」モード

MBSR 創始者のカバットージンが提唱した概念（Kabat-Zinn, 1990）である。これは，MBCT においても，中核となるマインドフルネスの価値観である。ふつう私たちはこの反対概念である，「すること Doing」モードで生きている。つまり，問題をみつけ，それを解決することができるよう，子どものときから家庭でしつけられ，学校ではその訓練を受けてきた。社会でも職場でも，問題解決が重視されてきた。ただ，それを自分の不快なつらい感情に向けて，それをどう解決したらいいかと考えると，往々にして反すう思考に陥ってしまう危険がある。なぜならば，感情というものは，必ずしも

それを修正して解決できるようなものではないからである。そんな思考や感情に，マインドレスに自動的に反応することなく，それを批判することなくありのままを優しい気持ちで受容しながら気づいていくのが「あることBeing」モードである。

　🌺　受容

　ありのままの状態に謙虚に気づき，受け入れること。これは，その状態を肯定することとは限らない。それが好ましくない状態であれ，まずは，ありのままを，これが今の状態だと承諾し理解する必要がある，ということである。何をするにも，ここが出発点なのである。

　🌺　招き入れる

　DBTでいう，「そのほうを向く Turning towards」と同じ概念である。私たちは，普段「くさいものには蓋」，いやなこと，つらいことはみたくない。それが人間のふつうの反応である。ところがみえないように押しやるには，かなりのエネルギーが必要である。ようやく押し込んだかと思うと，夢のなかに現れたり，とやっかいなものでもある。そんな自動的な反応とは逆に，それを招き入れる気持ちで，ありのままの状態に気づく，ということである。MBCTプログラムの途中で読み上げる詩，「ゲストハウス」はこの価値をうたったものである。

ゲストハウス（The Guest House: Rumi, 1995）

人であること，それはゲストハウス
一瞬一瞬，新たな到着

喜び，落ち込み，意地悪
瞬時の気づきが　予期しない客となる

みんな歓待しましょう
たとえそれがあなたの家を暴れまわって
すべてを一掃してしまう，悲しみの雲であろうと，

> どのお客も大事に迎えましょう
> 新たに訪れる歓喜への
> 清めの準備かもしれません
>
> 暗い考えも,恥じらいも,悪意も
> 玄関で,笑って招き入れましょう
>
> 誰が来ようと,感謝をもって
> どの客も,一人ひとり
> かなたからのお使いなのですから

優しさ

批判することのない優しさである。ありのままをありのままとして受容するには,自他への優しさが必要である。「こんなでなければよかったのに」「違っていたらよかったのに」という切ない気持ち,「なぜこのようなことが私に起こるのだろう」という怒り,悲しみ,妬み,「なぜもっと違うふうに私は行動しなかったのだろう」という過去への後悔や罪悪感,そして将来への不安や恐怖などを,そのまま招き入れ,受け入れ,支えることは,人間という不完全な存在への優しさがなければ,到底できないことである。

その他,マインドフルネス養成に役立つ要素として,忍耐(物事の変容に必要な時間を与える),初心に返る,信頼(自らの潜在能力への),解き放つ(こうあるべきという思考や願望から自由になる)などがあげられる(Kabat-Zinn, 1990)。

要約すると,MBCTを貫く価値観は,あるがままの状態(瞬間瞬間の自分の思考・感情・身体の感覚など)を,それを自らが好むと好まないとにかかわらず,批判することなく,優しく気づき,招き入れることである。それには,①そんな価値観を身につけるためにかかる時間への忍耐,②それが可能だという自身への信頼,③先入観や焦りから自らを解き放っていくこと。以上が,より効果的に反応できるための,下地である。

もう1点，大事なことを付け加えたい。それはMBCTの学び方についての価値観である。頭で知性を通してわかることも大切だが，MBCTは体と心で感覚として理解すること，文字どおり体得することをめざす。瞑想やヨガ，また詩を教材として使うのも，そのためである。

第4節　マインドフルネス認知療法の主な効果評価研究

1　一般成人対象

　MBCTのうつ症状再発予防への効果（Chiesa & Serretti, 2011a; Kuyken et al., 2008; Ma & Teasdale 2004; Piet & Hougaard, 2011; Fjorback et al., 2011）および不安障害への効果（Vollestad et al., 2012）は現時点ですでに確立されている。これらの実証研究は，ランダム化比較試験（無作為割付比較試験）や非介入グループや従来の治療グループといったコントロール・グループを含めた，洗練された研究デザインが用いられており，世界の臨床家の間でも受け入れられている。また，このような研究デザインを用いた最近の研究成果のひとつでは，MBCTには，メンテナンス（症状緩和後の維持）として処方されている抗うつ薬と同程度の，うつ再発予防効果があることが実証されている（Segal et al., 2010）。

2　高齢者対象

　一方で，高齢者対象のMBCTの研究は，残念ながら世界でもいまだ限られている。2014年末までに英語による学術専門誌 *Peer Review Journals* に発表された高齢者対象のMBCTおよびMBSR研究すべての分析調査をしたケンタッキー大学チーム（Geiger et al., 2016）によると，MBCT研究3件（筆者らによる研究を含む），MBSR研究12件であった。この分析調査の結論によると，この介入方法は高齢者にも十分適することが確認されていた。これらの研究では，孤独，抑うつ，不安，ストレス，睡眠障害，反すう思考および，気分一般の向上がみられた。高齢者対象のMBCT研究の先駆者であるスミスは，その論文のなかで次のように述べている。

MBCTの主要素は，注意力の養成，セルフ・コンパッション（自らへのいたわり），ありのままの状態への受容，そしてうつを早期に摘み取り自分のケアをすることである。そのすべての要素はこの研究への高齢参加者にとって，役に立ち意味あるものであった。そして参加者はこのマインドフルネスの訓練を維持することへの意欲を示し，実際に大多数が維持できたことが，フォローアップの面接やセッションで明らかになった。すなわち，MBCTは高齢者に適した介入方法であろう。
(Smith, 2007)

　また，この介入方法が高齢者の認知機能の改善に効果的かを検討した既存のMBSRとMBCTの研究論文を分析した研究（Berk et al., 2016）も，2016年に発表されている。記憶，実行機能および作業スピードに効果がみられたと報告しているが，サンプル数が少なかったり，他のバイアス（歪み）もあったため，この結果は定かでないとの結論であった。今後まだまだ研究の余地のある分野であろう。

　筆者の行った，高齢者対象の5つのMBCTグループの有効性を検討した研究成果は第2章で紹介する。

第5節　グループで行う有効性

　グループ療法は，参加者一人ひとりが，新しいスキルを学び，練習し，新しい習慣を獲得していくラボであると筆者は捉えている。互いが学び，変化していく過程を支えあう環境づくりが，グループ療法の成功の鍵のひとつであろう。この支えあいの環境は，個人カウンセリングではとうてい築けるものではないと常々痛感させられている。自分もひとりの人間であるという，他の参加者と共通の人間性を発見，体得していく経験には，深く心を揺さぶるものがある。今までは，自分の経験したうつ症状は，何かしら自分が劣っているからだと感じていた参加者は，ここで，そうではない，他者にも起こりうる精神状態だということを発見する。参加者は，一人ひとりがかけがえのない人間で，皆それぞれの重荷を抱えながら，それでも一生懸命生きているのだということを体得し，深く感銘する。筆者の行っ

た過去のグループ療法の参加者の多くが,終了後のアンケートで,他の参加者との交流が大きな収穫のひとつだったと記載していることからもそれは明らかであった。

　以上の利点は,どの年齢層のグループ療法にもいえることではあるが,とくに高齢者にとって貴重な経験であると筆者は考える。老年期は,喪失の時期でもある。周りの同世代の人々,すなわち配偶者,近隣の友人知人などが亡くなったり,病気になったり,施設に入所していく。また本人も,持病や疼痛,視聴覚や歩行の障害などで,以前ほど自由に外出できなくなったり,人に頼らねばならないことも増える。以前は職場で活躍していた人たちも,退職とともに社会での地位を失い,自信やアイデンティティの喪失もあろう。次第に,社会的つながりの輪は小さくなり孤立しがちとなる。そんな時期に人と触れ合い,自分を表現できる場は,得がたいものであろう。そこは,うつや不安症といった,表面的な付き合いでは分かち合えない内面のつらさや苦しみを,批判される不安なく表現できる貴重な場なのである。

　そうして,批判することのない受容の雰囲気のなかで,過去にはうつに追いやっていた自らの習慣的思考反応パターンに気づき,そこから自分を解放して,より健康保持に役立つ新たな思考習慣を学び,練習し,身につけていく。はじめは戸惑ったり理解に手こずっていた周りの参加者が,徐々に学んでいく姿に接し,もしかしたら自分もできるかもしれない,という希望が湧き,勇気づけられ,励んでいく参加者の姿を筆者は何度も見てきた。このような希望と勇気は,セラピストひとりと対応する個人カウンセリングでは,なかなか獲得しにくいものである。

　筆者のグループ参加者は,グループ・セッションを「クラス」とよぶことを好んだ。新しいことを学んでいく「クラス」なのだ。宿題も毎回あるので,これは適切な表現かもしれない。また,カウンセリングや心理療法という治療的なニュアンスやスティグマ（恥辱）がなく,学びへの関心をそそる「クラス」という言い方には,高齢者にとって,前向きで,好奇心を抱けるような,より希望にあふれた意味合いがあるのかもしれない。

第2章 高齢者へのマインドフルネス認知療法の実際

フォーク阿部まり子

　この章では，筆者がアメリカミシガン州アンナーバー市（人口11万）の高齢者を対象に，過去7年にわたって施行してきたマインドフルネス認知療法（MBCT）のグループ療法の体験を分かち合いたい。このグループを実施した場所は，町のなかにあるシニアセンター（老人福祉センター）である。このセンターは，ミシガン大学医療部門（Michigan Medicine：医学部・病院・外来クリニック・地域アウトリーチのプログラムの総称）付属高齢者医療センターに属するが，建物は町中にある。機能やサービスプログラムも，大学医療機関から独立したものであり，通院患者のみでなく，地域高齢者すべてを対象としている。

第1節　マインドフルネス認知療法グループを開始するまで

　参加者を募る

　どんなに素晴らしい企画のグループも参加者がいなければ意味はない。またグループの有効性を発揮するには，最低5人は欲しい。高齢者の場合，予期しない病気や障害が他の年齢層より多いので，中断の可能性を考慮すれば，開始時点で7〜8人の参加者は獲得したい。よって，参加者募集は非常に重要な第1の活動といえよう。筆者のところでは，次のような広報（無料）を行った。

図2-1 シニアセンターでのMBCTセッションの光景

(1) グループを実施したシニア・センターが年2回発行するパンフレット（提供されるプログラムやサービス内容の詳細リスト）に，グループの日時と連絡先を載せる。
(2) (1)と同じ内容のチラシを用意し，クリニックの待合室やカウンセリングルーム，精神科医の診察室，またシニアセンターの掲示板に貼る。
(3) 大学病院全体のソーシャルワーク部や，精神科，老年医学センターの職員全員に行き渡るようなグループメールアドレス（計1200近い数），および地域の高齢者サービス機関合同ネットワークのメンバーにメールを送り，(2)のチラシを添付する。

応募は，高齢者自身が電話連絡をしてくる場合もあれば，精神科医やかかりつけ医，ソーシャルワーカーや家族からの依頼もある。どのような経緯であっても，まず電話で話し，質問に答え，そのうえで面接の時間を決める。その後，シーガルら（Segal et al., 2002 越川監訳, 2007）にすでに記載されている「MBCTの紹介」という参加者への手紙を，郵便またはメール添付で送る。その手紙には，次の7項目の情報が記載されている。①うつ病というもの，②その治療，③うつ病の再発予防にいかにMBCTが役に立つか，④体験学習と宿題の重要性，⑤困難に直面する大切さ，⑥忍耐と持続の重要性，⑦面接の日時と場所および面接者の氏名と電話番号。同時にこ

の手紙は，招待状の役割も果たす。

　筆者の経験では，このグループを開始した2010年当時は，参加者集めにかなり苦労した。当時はまだ一般には「マインドフルネス」はよく知られていなかった。地元の市立図書館で行われたうつのパネルに参加したり，関係ある行事に出て行って，受付にチラシを置かせてもらったりした。また職員会議でマインドフルネスの講演をするなど，周りの理解を求めた。緩やかではあったが，次第に過去の参加者のクチコミ推薦や専門職からの依頼も増え，2，3年後には定員を埋めるのにさほど苦労しなくなった。2013年には，筆者ら研究グループのMBCT成果も学術誌に発表されるに至り，この頃から精神科医からの依頼も増えてきた。また新聞や雑誌にもマインドフルネス関連の記事が急激に現れはじめ，2014年2月の大衆雑誌『タイム』には，その表紙に「マインドフル革命」と題して瞑想の写真が載るに至った。この頃になると，筆者のマインドフルネスグループ療法も，定員12人を上回る問い合わせが来るようになった。

2　参加者を決めるためのアセスメント面接

　この初回面接ではまず，自己紹介のあと，送った手紙を読んだかを尋ね，その内容に不明な点や質問があるかを聞く。そして，このグループ独特のアプローチと宿題の意義が理解できているかを確かめる。必要ならば，再度説明する。

　次に，臨床アセスメントをする。

(1) なぜこのグループに参加してみようと思ったのか，動機を探る。
(2) 現在の精神状態のアセスメント。過去のうつ不安症の病歴も尋ねる。現在うつや不安症を経験している場合は，その症状を詳しく聞いて，一回2時間半のセッション，および宿題を含めたこの8週間，さまざまな体験をするうえでの体力，精神力の評価をする。自殺アセスメントもここでする。GDS（高齢者うつ尺度）も実施して参考にする。また，認知面の問題がある参加者には，MMSE（ミニメンタルステート検査）も行う。
(3) 参加するにあたっての壁があるかを調べる。交通の便，機能面の困

難(例:視聴覚障害・歩行・疼痛など)や健康保険(アメリカではグループ療法は,高齢者の場合,たいていの保険がほぼまたは全額カバーするが例外もあるので)などが例としてあげられよう。自宅で瞑想の練習をするときのため,CDを聞ける環境が家にあるかもこのとき確認する。

　次のような状態は参加不適切とされる。①うつや不安状態が集中力や意欲を妨げるほど重度な場合,②自殺企図が現在ある場合,③認知症の度合いが継続学習を困難にし,参加がストレスを増すと判断された場合。

　認知症があるものの,本人からどうしても参加したいと嘆願された場合,筆者はMMSEの得点25以上(全部で30点)をおおよその目処としている。本人が,同クリニック付属早期認知症デイプログラム「コーヒーハウス」に通所している場合は,本人の承諾を得たうえで,そこのスタッフの意見も参考にする。

　筆者の今までの経験では,認知症が軽度の人であっても,認知症のない人たちのなかに混ざって活動し,またセッションで学んだことを家庭で学習していくことは,すべてが配布物に記載されていても,本人にとって大変ストレスの多い体験である場合が多かった。軽度認知症の参加者は全体のごくわずかではあったが,彼らの中断率はだいたい半数であったように記憶している。認知症の人たちに適したMBCTの応用版が現在開発されている。

3 具体的な準備(配布物・CD録音など)

　筆者がMBCTグループを始めた2010年当初は,配布物はすべてシーガルら(Segal et al. 2002 越川監訳, 2007)に掲載されたものを自由に使用できるようになっていたものの,その電子版はなく,すべて自分で資料づくりをする必要があった。瞑想練習用のインストラクション付きのCDも,自分で録音しなくてはならなかったので,第1回のMBCTの準備には非常に時間がかかったことを記憶している。しかし,そのような苦労の声を世界各地から聞いたシーガルらは,2013年の改訂版が出る頃には,配布物の電子版およびCD(彼ら自身の声を録音したもの)を,MBCTインストラクターに

無料で提供してくれた。筆者は現在，筆者の声とシーガルらの用意してくれたインストラクションのどちらも使っている。しかし，各セッションで筆者の声に慣れている参加者たちが，シーガルらの声で瞑想練習の宿題が出たときに，筆者の声のほうがよいと口々に文句を言う場面もあった。やはり，インストラクターの声で録音したCDのほうが参加者には違和感がないのであろう（筆者の録音したCDが本書に付録されているので，ぜひ試みていただきたい）。配布物に関しては，弱視の高齢者のために大きな活字を選ぶ配慮も忘れたくない。

　その他購入の必要がある品々に，床に横になって練習するボディスキャン瞑想に使うマットがある。筆者が使用しているのは，ヨガマットよりも厚めの体に優しい製品で，さらに3つ折りできるため持ち運びや保管にも便利である。7年たった今もこれらのマットはすべて健在である。高齢者が対象の場合はとくに，体への優しい配慮が大切である。関節炎その他，体のふしぶしが痛い参加者も多い。毛布やクッション，枕も用意して，少しでも居心地がよくなるよう工夫したい。座瞑想の場合も，背筋をまっすぐにするのが困難な場合，小さなクッションを背中と椅子の背もたれの間に置くことによって，無理な力を背中にかける必要がなくなる。また，椅子に座った場合，背の低い参加者で，足がようやくやっと床につくような場合は，足の下に，台代わりのクッションや，たたんだ毛布を置くなどすると，ずっと体と心の安定がよくなる。

　もうひとつの必需品にマイクがある。補聴器をつけていてもあまりそれが機能していない参加者，つけていないが耳の遠い参加者，まちまちである。筆者はとくに，瞑想を先導するインストラクションを行うとき声音がソフトになってしまう。耳がよくなければ聞こえにくい。そのうえ瞑想中は，参加者は周りに迷惑と思い，聞こえないということを言ってくれない。瞑想練習のあとの振り返りの時間で，全然聞こえなかったと参加者に言われ，がっかりした経験もある。よって，筆者にとってマイクは不可欠である。

4　場所の設定

　MBCTは，臨床上の配慮から，グループ参加者の上限を12名としている。ボディスキャンの場合は，床にマットを敷いて瞑想練習をするので，

参加者全員が居心地よく床に横になれるだけのスペースが最低限必要であろう。その他考慮したいのは，比較的騒音が少なく，静かであること。

黒板または模造紙を貼る場所があることも重要である。練習するワークは，グループの発言を分かち合う際，黒板に書くことで，よりポイントが明確になる場合が多い。

机も，移動しやすいと便利である。というのも，机を用いず椅子を円状に並べて設定するセッションも多く，そういうとき机を移動させるためである。

また，これは，どんなサービスを提供する場合でもあてはまることだが，高齢参加者が通いやすい交通の便のよい土地で，車椅子使用など障害があっても通えるバリアフリーの建物であるとありがたい。

筆者の使用した部屋は，バス停のすぐそばにある平屋のシニアセンターの入り口に近い一部屋であった。入り口には，車椅子でも開けられる自動ドアのボタンも設定されている。窓があることもうれしく，セッション3の始めに行う「マインドフルに」ものを見る体験学習では，この窓は大いに役立った。

筆者にとっては，精神科クリニックではなく，地域のシニアセンターでMBCTグループを実施できたのは幸いであった。このセンターは，ロビーでトランプを楽しむ仲間がいたり，他の教室では老人大学の授業やさまざまなサポートグループをしていたり，と活気がある。MBCTに参加する人たちも，自分たちのグループをそんな活動のひとつとしてみており違和感はなかった。周りの人たちからの偏見も感じられなかった。

5 時間の設定

次に時間の設定がある。シーガルら（Segal et al., 2002 越川監訳，2007）では，各セッション2時間と指定されていた。当初，筆者は瞑想を昼過ぎに行うと，高齢参加者，とくに昼寝をする参加者は眠くなるのではないか，と懸念し，グループを午前9時半〜11時半とした（11時半からこの部屋は昼食会の準備に使われたため）。はじめの2グループで，疼痛もちの2人が9時半という開始時間に間に合うことが難しく中断した。うつと疼痛で，朝がしんどい，外出するまでの準備に時間がかかる，という理由であった。

3グループ目からしばらくは，実施時間を午後1時半〜3時半に変更した。当初の心配とは裏腹に，瞑想中に昼寝をしてしまう参加者はいなかった。

しかし当時，シーガルらは，しっかりと内容をこなすには2時間半は必要ではないか，と考えるようになっていた。そんな推薦もあり，セッション時間を2時間半に変えたように記憶している。以前は内容すべてをカバーするには，常に時計を見ながらかなり急がなくてはならなかったのに比べて，30分延長してからはよりゆったりときめ細かに進行できるようになり，とくに瞑想後の振り返りに時間をしっかりとれるようになったのはありがたかった。筆者個人のインストラクターとしての充足感もぐんと増したのを覚えている。現在，セッションは，中一回約10分の休憩を入れ，午後1時半〜4時としている。

第2節 セッションの進め方（8セッションと黙想会およびフォローアップ・セッション）

MBCTはうつの再発予防に役立つスキルを学ぶグループ療法である。週一回8セッションと，セッション6と7の間に行う黙想会，さらに終了の5，6週後に行うフォローアップ・セッション（「同窓会セッション」とよばれる）から構成される。表2-1は，各セッションのテーマと内容である。

各セッションには特定のねらいがあり，さまざまな体験学習を通して，その習得に努める。セッションごとのねらい，手順と留意点を以下に示す。

セッション1——気づきと自動操縦思考

1回目は，参加者は皆それぞれの不安と期待を抱きながらやってくる。なぜここに来たのか，そして何を得たいのかの2点を，ペアで自己紹介しあい，それから全員に向かって自己紹介する[*3]。それを聞きながら，インストラクターは，このグループの意義を知らせ，ここは批判することなく優しく学べるラボであることを，言葉のみではなく顔の表情や行動で伝えていく。そして，守秘や互いの尊重などのガイドラインを伝え，皆でここを安全な場としてつちかっていくことの大切さをわかってもらう。

表2-1　MBCT各セッションのテーマと内容

1　気づきと自動操縦思考
＊マインドフルにレーズンを食べる
＊ボディスキャン瞑想
【宿題】ボディスキャン：日常何気なくしている動作（歯磨き・シャワー・着替えなど）をひとつ選んでマインドフルにやってみる，マインドフルに食事をする

2　頭で生きている（体全体ではなく）
＊ボディスキャン瞑想
宿題の振り返り
＊＊思考と感情のワーク
＊座瞑想（呼吸）
＊快適な体験日誌
【宿題】ボディスキャン，呼吸の瞑想，日常動作ひとつをマインドフルにやってみる，快適体験日誌

3　拡散した注意を寄せ集める
＊座瞑想（呼吸と体の感覚）
宿題の振り返り
＊呼吸空間法，＊マインドフル・ムーブメント，＊歩く瞑想
【宿題】マインドフルネス瞑想（呼吸と身体の感覚），マインドフル・ムーブメント，呼吸空間法，不快体験日誌

4　嫌悪感に気づく
＊座瞑想（呼吸と身体の感覚・音・思考）
宿題の振り返り
講義と話し合い：うつの「領域」の定義，習慣的否定自動思考，DSMうつ診断基準
＊呼吸空間法
詩「野生の雁」朗読
【宿題】マインドフルネス瞑想（呼吸と身体の感覚・音・思考），マインドフル・ムーブメント，呼吸空間法（毎日，およびつらい感情を体験したとき）

5　ありのまま
＊座瞑想（呼吸と身体の感覚・音・思考・つらい感情へのマインドフルネス）
宿題の振り返り
＊呼吸空間法
詩「ゲストハウス」朗読

＊呼吸空間法（対応編）
【宿題】座瞑想（呼吸と身体の感覚・音・思考），呼吸空間法（毎日，およびつらい感情を体験したとき）

6　思考は事実ではない
＊座瞑想（呼吸と身体の感覚・音・思考・つらい感情へのマインドフルネス）
宿題の振り返り
＊＊気分，思考，異なった視点のワーク
再発予防対策作業の開始（うつ兆候・思考・感情・身体感覚に気づく）：ワークシート①
【宿題】自分の選択した瞑想練習，呼吸空間法（毎日，およびつらい感情を体験したとき），ワークシート①を仕上げる

※6と7の間に実施する黙想会セッションに関しては表2-2を参照のこと

7　いかに自分を大切にできるか
＊座瞑想（呼吸と身体の感覚・音・思考・つらい感情へのマインドフルネス）
＊＊活動と気分の関連を調べるワーク
＊＊気分向上に役立つ活動（楽しめる・達成感のある）をリストアップ
再発予防対策アクションプラン作業のつづき：ワークシート②
【宿題】自分の選択した瞑想練習，呼吸空間法（毎日，およびつらい感情を体験したとき），再発予防対策アクションプラン（ワークシート②）を仕上げる

8　新たな学びを維持し，将来へと広げる
＊ボディスキャン
宿題の振り返り
8週間プログラムの振り返りと今後への課題（学んだこと。どのようにこのリズムを崩さず，継続していけるか）
締めくくり：　瞑想と別れの儀式

フォローアップ（「同窓会セッション」）（終了5～6週間後）
＊短い座瞑想と自己紹介
＊座瞑想（呼吸と身体の感覚・音・思考）
　家庭での練習の振り返り
慈悲の瞑想
再発予防対策アクションプランの振り返り
締めくくり：瞑想や詩の朗読

注：＊：マインドフルネス練習，＊＊：認知行動療法の練習　すべてのマインドフルネス練習は，その振り返りを含む。すべてのセッションの最後には，セッションの要約と宿題の内容が記載された配布物が渡される（Segal et al., 2002, 2013からの応用）。

図2-2　ボディスキャン瞑想

　セッションのねらいは,「マインドレス」な自動操縦モードから「マインドフル」になること,すなわち,批判することなく注意を払って,自らの習慣的思考や反応パターンに気づくことである。2つの体験学習を通して学習する。1つ目では,1粒のレーズンに注意を払って,先入観にとらわれることなく,見て,触って,そして味わう。その後,互いの気づきを分かち合う。インストラクターは,今の体験が日常の食べる経験とどう異なっているかなどの問いかけをしながら,参加者の気づきを深めていく。2つ目は,ボディスキャン瞑想(付録CD track1)である。床のマットの上に横たわり,インストラクターの指示に従って,身体のさまざまな部分の感覚に気づくワークである(図2-2)。ここでも批判することなく気づくこと,そして,注意がよそに逸れていることに気づいたら,自己批判することなく,意図した部分に優しく注意を戻す訓練をする。

＊3　以前筆者が参加したMBCT研修では,自分ではなくペアの相手を全体に向けて紹介するようになっていた。筆者もはじめはそうしていたのだが,あるときペアの相手から聞いた内容を思い出せなかった参加者がおり,気の毒な思いをさせてしまった。見知らぬ人々の間での不安,加齢に伴う記憶力への不安,そのうえ自己批判の傾向の強いうつ病経験者だった。自分は他者よりも劣っており,とうてい無理だと早合点して,その参加者は次回からは来なかった。それ以来,筆者のグループでは,ペアの相手のことではなく,自分自身のことを全体会でもう一回紹介してもらうことにしている。

最後に，この日の学びの要点と宿題がていねいに記載された配布物と，瞑想のCDを配る。宿題，すなわち家庭学習の大切さを説明し，何かわかりにくいことや困ったことがあればいつでもインストラクターに連絡をとるよう伝える。新しく身につけようとするスキルは，他のどんなスキルにも共通することだが，練習しないと身につかない。その練習を宿題を通してするということを参加者にわかってもらう。これはすでに事前面接でも伝えたことではあるが，人は何回か聞いてようやくわかる場合もある。筆者は，自分はコーチであるとともに，チアリーダーのようなものだと皆に告げる。参加者のスキル獲得のプロセスを，影となり日なたとなり応援するチアリーダーだと。

❀ セッション2～8共通の手順

　どのセッションも，体験学習から始まる。特定の瞑想であったり，マインドフルに見たり，聞いたり，とそのワークの内容は各セッションで異なるが，ポイントは，「直接体験する」ということ。そして，その後，その体験の気づきを分かち合う。従来のグループ療法では，宿題の振り返りから始める場合が多いが，それだと記憶に頼る必要があり，また宿題をしなかった人は参加できない。MBCTでは，まず直接体験ワークから始めることで，全員参加と，新鮮な振り返りを可能にしている。その後，ほとんど自然発生的に，参加者は家庭での体験の振り返りへと輪を広げていくことが多い。筆者のグループでは，その後，約10分の休憩を入れる。部屋を出てすぐの台所にコーヒーや紅茶が用意されている。休憩後，その日のねらいに即した新しい学びへと移行する。そして，その日の配布物を配り，宿題の説明をし，不明な点は質問してもらう。最後に，簡単なマインドフルネス瞑想をともにし，閉会とする。

❀ セッション2──頭で生きている（体全体ではなく）

　参加者が部屋に到着したときには，すでに床にマットや枕とするクッションや毛布が並べられている。宿題として練習してきたボディスキャン瞑想からこのセッションは始まる。その直後，この体験を振り返り，気づきを参加者は語る。話したくない参加者は聞くだけでもよい。話は自然と家で

練習してきたボディスキャンの振り返りへと移行する。なかには，しようと思ったができなかった参加者もいる。そんな体験も，そこでどんな気づきがあったか，例えば，いつ宿題のことを思い出したか，そのとき頭にはどんな考えが浮かんだか，そしてどう反応したか，などを振り返ってもらう。

　MBCT 参加者は，自己批判傾向の強い人たちが非常に多い。インストラクターの対応から，宿題ができなくても批判されないということ，本人にとってはがっかりする経験でも自分の習慣的傾向を学ぶ貴重な機会になるということを，参加者たちは学習していく。グループ初期に，このような受容と気づきの土壌をつくっていくことは，グループの成功にとってとても大切である。

　セッションのねらいは，思考を通しての体験（普段の体験，すなわちシーガルらの言葉を使えば「頭のなかに住む」こと）から出て，直接体験へと促すことである。例えば，見たり聞いたりしたことについて考えるのではなく，注意を払ってただ見る，ただ聞くことを直に体験する。この直接体験への気づきは，ボディスキャンや呼吸のマインドフルネス（付録 CD track2）を通して深めていく。その他，このセッションでは，認知行動療法の基本となる A（状況），B（解釈・思考），C（感情）について，ある状況を想像して，そのとき湧いた思考や感情に気づき，そして，そのときの身体の感覚（例えば，胃袋がキュッとなる・肩や首のこり・額のしわ）に注意を向けてもらう。そして，皆の気づきを黒板に書き上げ，同じ状況でもさまざまな解釈があり，その解釈により感じ方が異なるということに気づいてもらう。すなわち，自分の解釈（思考）は必ずしも現実を正確に描写しているとは限らない，という洞察へと参加者を導くのである。

　宿題のひとつとして，体験日誌をつけてもらう。毎日，ほんのささいなことでも快い体験をしたとき，それに気づき，そのときの思考，感情，身体の感覚に気づき，それを記す練習である。現在うつを体験している参加者にとってはかなりの努力がいる宿題ではあるが，気づいたときのささやかな驚きには得がたいものがある。

❖ セッション3――拡散した注意を寄せ集める

　参加者が部屋に入ると，椅子が窓のほうに向けて並んでいるので，何が

図2-3　マインドフル・ムーブメント

起こるのだろうという好奇心がそそられる。それぞれのもつ先入観を解き放ち，今この瞬間に注意をもってきてもらうわけだ。

　5分間マインドフルに「見る」練習から始める。視野に入ってくるものに気づく練習である。見たものについて考えるのではなく，見ることの直接体験をしてもらう。色，かたち，動きに，批判することなく注意を傾けて，気づく練習である。なかなか難しい。たいていの参加者は躊躇する。筆者の経験では，ごくわずかの参加者が自然にできた。そのできた参加者に聞いてみると，自分は絵描きであって絵を描くときもまったく同じである，と話してくれた。筆者は，なるほど芸術家はマインドフルネスを体得している，と思ったことを記憶している。

　セッションのねらいは，過去や未来に注意が行き現在が抜け落ちないように，今この瞬間の体験に注意をそそぐことにある。はじめに実施した「見る」直接体験，また呼吸や身体の感覚に気づく瞑想，そして今回紹介するマインドフル・ムーブメント（図2-3。ストレッチの際の身体感覚への気づき），これらの練習では，注意が他に逸れていることに気づいたとき，優しく，自らを批判することなく，今この瞬間の体験へと注意を促す。高齢参加者の場合，とくにムーブメントの活動では，無理なく行えるような安全面の配慮が必要である。周りの参加者のように腕を頭上にあげられなかったり，一定時間以上の起立が困難な参加者もいる。そんな場合，本人が自らを批判せず自分の身体の感覚に注意を向け，ありのままの状態を優しく受

け入れられるよう，促していく。また，周りの参加者も，できない人を批判することなく優しく支えていけるような，そんな雰囲気づくりが大切である。

　このセッションでは，マインドフルネス瞑想の縮小版，どこでもできるポータブル瞑想，3分間呼吸空間法（付録CD track4）を紹介する。第1ステップは，今この瞬間の体験（身体感覚・思考・感情）に気づく。第2ステップは，そんな気づきを呼吸一本に絞り，呼吸を通してマインド（精神状態）の安定をはかる。第3ステップは，今一度，気づきの輪を広げ，呼吸と体全体の感覚を気づきのスポットライトに入れるという瞑想である。これを家庭で一日2，3回練習するよう指示する。短い瞑想なので，このくらいの時間は全員にあるのだが，いかにこの宿題を思い出せるかが課題となる。高齢者の場合，一日2，3回服薬している参加者も少なくない。また食事も3回とっている。そういった，すでに習慣となっている活動の前後に練習すると，思い出せる場合が多いようである。

　宿題のひとつとして，また体験日誌をつけてもらう。今回は毎日ひとつ，ほんのささいなことでも，ムッときたりイラついたりした体験に気づき，そのときの思考，感情，体の感覚に気づき，それらを記す練習である。筆者の記憶では，この宿題の説明を聞いたとき，多くの参加者は「これは簡単」と安堵していた。

❀　セッション4──嫌悪感に気づく

　このセッションも，はじめの5分を「見る」または「聞く」直接体験の練習から入る。筆者のグループでは，椅子を輪のように設置し，皆で目を閉じ，耳に入ってくる音をマインドフルに聞く練習をする。前回の「見る」練習と同様，聞こえた音について考えるのではなく，聞くこと自体の直接体験の練習である。批判することなく，音の音色，音量，リズムやパターンなどに注意を向けることを促す。快い音色であろうと，不快な騒音であろうと，同じく新鮮な好奇心をもって注意を向ける練習をする。そして，マインド（注意・意識）が過去や未来の事柄や思考に逸れたときは，優しく，自己批判することなく，この瞬間の体験に戻すよう，指示する。

　セッションのねらいは，不愉快な体験から逃避したりそれを消却しようとするのではなく，関心を，その不愉快な体験に優しく向けるスキルを学

ぶことである。普段私たちは，つらいこと，不愉快なことは見たくないし経験したくない。見えないところに押しやろうとしたり，それを消却しようと努力する。どうすればいいのかともがき，それが反すう思考へと私たちを追いやり，苦しめるのである。MBCTでは，つらいこと，不快なことへの，別の対応の仕方がもしかしたらあるのではないか，と問いかける。そこから目を背けるのではなく，それが，今この瞬間の体験ならば，優しい関心をもって目を向けることにより，もっと別の関わり方やより視野を広げた優しく賢明な関わり方ができるとする。一回一回レンガを積むように練習を重ねてきたマインドフルネス瞑想も，この時期には，身体，呼吸，音に加えて，自らのマインドの活動，すなわち思考や記憶，イメージなど，マインドのなかに瞬時に湧いてくるものに，それが快適であろうと，不快であろうと，退屈なつまらない内容であろうと，批判することなく優しく好奇心をもって気づく練習をする（付録CD track3）。

参加者は，「よくある否定的自動思考30のリスト」を配られ，そのなかのどれが自分によくある思考か探してみる。過去に自分をうつへと追いやったさまざまな否定的自動思考（例えば，「私はろくでなし。何をやってもダメな人間」という考え）に意図的に目を向ける。そしてそれは，必ずしも自分や現実を正確に反映しているのではなく，これはうつという状態の一部である，という洞察に参加者が至るよう援助する。このワークをするとき，いつも部屋の雰囲気が沈むことに筆者は気づいている。そんなとき，参加者が優しく勇気をもってそれに対応できるよう支えていくのも，インストラクターの役割である。前回から練習してきた呼吸空間法をここで実施するのも役に立つ。

宿題として，家庭では呼吸空間法を引き続き練習する。また，ストレスを感じたときに役立つその応用編も今回教え，家庭でストレスを感じたときに実践してもらう。

❁ セッション5——ありのまま

この回は，筆者のグループでは簡単なジェスチャーから始めることにしている。これは，シーガルら (Segal et al., 2002, 2013) には記載されていないが，インストラクターのためのMBCT上級講座研修[*4]で筆者が学んだ導

入方法である。まず，インストラクターが小さなクッションをひとつ手にもち，グループの輪の真ん中に立つ。そして参加者全員に，「困難なつらい感情を3つあげてください」と声をかける。グループによって若干異なるが，悲しみ，怒り，不安，恥，悔い，妬みなどが出てくる。それらをひとつずつ取り上げて，「このクッションを「悲しみ」の気持ちに見立てます。皆さんは普段，「悲しみ」にどう対応してきたのかしら」と問いかける。「机の引き出しにしまいこむ」「無視する」「他のことで紛らわせる」など，参加者からアイデアが出てくるたびに，そのクッションでそのジェスチャーをする。3つの感情それぞれを演じたあと，「では，今度はマインドフルネスのアプローチを使ってみましょう。マインドフルネスでは，「悲しみ」にどう対応するかしら」と全員に尋ねる。「そっちを見る」「何がどうなっているのか調べてみる」「それを優しく抱擁して，自分をいたわる」など，意見が出てくるたびにクッションで演じてみる。

　この寸劇のねらいは，マインドフルネスを知的に理解すること（この時点で参加者はすでにできている）ではなく，感覚的に体得することである。この寸劇は時間もかからないし，参加者の注意をしっかり集められるなかなか効果的な方法であるので，筆者は気に入っている。

　このセッションのテーマは，物事や人（自他を含む）がもっと違った風であるべきだ（とくに，ストレスを感じているとき，私たちは自然とこのような思考を抱いてしまいがちである）と思うのではなく，もうすでにここにあるのだから，そのままを許容しようとすること，そしてそれがいかに次のステップ，健康的に対応していく次の段階に移行するために大切かということである。第1章で紹介したルミの詩「ゲストハウス」(p. 18) は，このセッションで朗読する。

---

*4　TTI (Teacher Training Intensive)。5日間の泊まり込み研修。筆者が参加した研修は，講師 Susan Woods と Char Wilkins によって，オメガ研修機関 (Omega Institute：アメリカ，ニューヨーク州) にて開催された。今後の MBCT 研修に関しては，www.mbct.com（北米），www.mbct.co.uk（イギリス），および www.umassmed.edu/cfm (The Center for Mindfulness in Medicine, Health Care & Society) を参照のこと。

セッション6――思考は事実ではない

　筆者はこのセッションを次の短いエクササイズで始めるのが好きである。
　輪になって椅子に座った参加者に目をつぶってもらう。そうして，筆者が下記の4つの文（Segal et al., 2002, 2013）をひとつずつ読み上げる。そのつど，頭に浮かんだ思考に気づいてもらう。

(1) ジョンは登校中。歩いている。
(2) 彼は，算数の授業のことを心配している。
(3) 今日もこの授業をちゃんとまとめられるかと不安である。
(4) これは用務員の仕事ではないのだ。

　1文ずつ聞いたあと，浮かんだ思考やイメージをグループで分かち合う。そして，いかに頭のなかのイメージが各文章を聞くごとに変化したかに気づいてもらう。あまりの変化にいつも参加者は笑ってしまう。このエクササイズを通して，私たちは，ひとつのデータ（この場合は文章）に触れる際，いかにたくさんの推測をしているか，ということに気づかされる。
　セッションのねらいは，思考の内容を真実や事実だと信じるのではなく，思考とは，頭のなかで起こる「イベント」であり，必ずしも正確とは限らない，と気づくことである。ここでは主に，つらい出来事や気持ちにどう対処するかということを，マインドフルネス瞑想を通して練習する。まず呼吸と身体感覚のマインドフルネス瞑想をして，気持ちを安定させる。心の準備が整ったところで，現在または最近経験したつらい出来事を頭のなかに再現してもらう。しっかり再現されたら，参加者に手をあげてもらい，全員が用意できたところで，インストラクターは次の指示へと移る。どんな思考があるか，どんな感情があるか，そして身体にはどんな感覚があるか，参加者に探索してもらう。体のどの部分が緊張しているか，重たいかなど，簡単なボディスキャンをしてもらい，どの部分がそのようなつらい体験に反応しているかをみてもらう。一番反応している部分を選んでもらい，イメージとして，新鮮な空気をその部分まで送って（ということは，呼吸はふつうより少し長い深呼吸となる），そしてそこから疲れた空気を鼻（または口）まで送って吐く。そんな呼吸を数回してもらう。そうして，息を吐く

感覚にマインドフルに気づきながら,「それが何だかわからないけれど,もうすでにあるのだからみてみましょう。それがあっても,だいじょうぶだよ。生きていけるよ」と自分に優しくささやいてみる。この瞑想は,言葉で説明されただけでは,そのパワーは伝わってこない。息を吐く際,体の余分な緊張が解き放たれるなかで,瞬時にわかる,ありのままの受容へと心が開かれる感覚,まさに「体」で体得していく学習である。

また,このセッションでは,個々の参加者が自分の過去のうつ再発のきっかけを振り返り,その予防策を探っていく。これはこのセッションと次回のセルフケアのセッションにまたがる作業である。

黙想会セッション

はじめの6セッションで,MBCTで学ぶ瞑想はすべて完了する。そこで,その習得された瞑想をより自分のものにしていく練習機会がこの黙想会である。シーガルら (Segal et al., 2002, 2013) では6時間とされているが,筆者は高齢参加者の体力も考慮して5時間にしている。シニアセンターが休みの週末に,午前10時から午後3時まで実施している。建物すべてを,自分たちのグループで使えるのもうれしい。参加者は,黙想会の経験はゼロ。5時間も沈黙できるだろうかと不安がる,おしゃべり好きな70代の女性参加者も何人かいた。しかし,この7年間,全員が沈黙を守れたし,あとで,予想以上に楽しかった,素晴らしかった,という声もたくさん聞かれた。

この黙想会には,過去のMBCT参加者にも招待メールを送っている。毎回4～7人,過去の参加者も出席している。この黙想会はグループ療法として認められていないので,アメリカでは医療保険はカバーしない。献金箱を置いて,各人に寄付してもらう。その日インストラクターが購入するフルーツやお菓子は,そのお金から賄われる。

まず,部屋の設定である。人数分の椅子を大きな輪になるように,部屋に並べる。ボディスキャン用マット(過去の参加者の人数分をよそから借りてくる)を部屋の隅に積み重ねる。マイクの設定。瞑想の始まりと終わりを告げる鐘。そして,プログラムの始まりと終わり(昼休みやウォーキング瞑想の終了時間など)を告げるベル(歩きながらカランカランと鳴らす鐘)を用意する。壁には,その日の予定表を貼っておく。筆者のグループ

表2-2 黙想会セッションの予定表（例）

10:05	呼吸と体のマインドフルネス瞑想
10:20	「ようこそ」自己紹介とオリエンテーション。沈黙開始
10:30	マインドフルネスと気づいたものを優しく受容する優しさの説明
10:35	詩の朗読
10:40	慈悲の瞑想
11:00	休憩
11:10	ボディスキャン
11:45	詩の朗読。ウォーキング瞑想（屋内・屋外）
12:05	呼吸・体・音・思考のマインドフルネス瞑想
12:25	マインドフルに昼食をとり，その後もマインドフルに時間を過ごす
13:10	詩の朗読。ウォーキング瞑想
13:30	マットに横たわって行うムーブメント瞑想と湖の瞑想
13:50	詩の朗読。座瞑想；困難な状況への対応
14:15	立って行うムーブメント瞑想
14:25	沈黙終了。振り返り（ペア・全体で分かち合う）
14:50	日常生活に戻る際の配慮。呼吸空間法で終える

では表2-2のようにプログラムを組んでいる。

　周りの人々と目線も合わせず，互いの空間を尊重し，自らと向き合う4時間半。長く生きてきた高齢参加者とはいえ，これは初体験である。自分のなかに湧いてきた思考，感情，体の感覚に気づき，しかし，それらを批判することなく優しく受容していく瞬間瞬間を，4時間半重ねていくわけである。そうするなかで，どうしても批判してしまいそんな自分に嫌気がさしたり，もう早く家に帰りたいと思う焦燥感が出てきたり，集中のモチベーションがくもり眠くなってしまったり，といろいろな自らの反応に気づいていく。そんな，自分が望む状態とはかけ離れた自分の状態にも，優しく気づく練習である。まさに「脱中心」的関わり方を体得していく貴重な機会である。

❀ セッション7──いかに自分を大切にできるか

　このセッションを始める前に，黙想会以降の日常生活についての気づきを話したい参加者がいれば，その機会を与える。前回セッション6で始めたうつ再発予防対策作業の続きであるこのセッションのねらいは，心のセ

ルフケア，すなわち自分に批判的につらくあたるのではなく，優しさといたわりをもって自分に接することを学ぶことである。うつになる手前の自らの状態を知り，そのとき，反すう思考をしながら自分のケアを怠ってしまった過去のパターンではなく，自らへの労りをもちながら新しい対応の仕方をみつけていく。そのように行う活動一つひとつが自分の気分に影響するということを学ぶ。このセッションでするワークのひとつに，日常の一日を振り返り，起床時から寝るまでの自分の行動をリストアップするものがある。その行動が，心の滋養となる（nourishing）経験であったか（A），気分やエネルギーがすり減る（depleting）体験であったか（B）を調べ，リストにあげた一つひとつの活動の横にAかBを記載してみる。そしていくつAがあったか，いくつBがあったか，Aを増やしBを減らすにはどうしたらよいか，などを探ってみる。瞬時瞬時に，マインドフルになることによって，自分にはどんな行動や活動に関わるかの選択肢があるのかに気づいていく。これは，非常にパワフルな気づきであり，将来の可能性への希望をもたらすものである。

セッション8──新たな学びを維持し，将来へと広げる

　この最後のセッションは，ボディスキャン瞑想から始まる。参加者は第1回で初めてボディスキャンをしたときのことを思い出す。このセッションのねらいは，今までを振り返り，そして今後，グループ療法終了後のマインドフルな日々を計画することである。参加者は第1回からセッションを振り返り，自分が何を学んだか，どんな苦労があったかを，最初にペアで，それからグループ全体で分かち合う。歩んできた道を振り返り，また今後も歩んでいく道を準備するセッションでもある。いざというとき，うつ再発の兆候が出たとき，それに早期に気づき，より健康的に対処していくには，日ごろからのマインドフルネス養成が大切であることを互いに確認しあう。そして数週間後に予定されているフォローアップ・セッションまで，自分はどんなマインドフルネスを練習し，つちかっていくつもりかを分かち合い，支え合う。このとき，マインドフルネスの練習と自分の大切なものとのリンクを考えてもらう。例えば，うつにならずに元気でいられれば孫との遊びを楽しめる，など。最後にこの8週間の努力と，支えてくれたグループ参加

者全員との思い出の印に，小さな記念品を手渡す。筆者のグループでは，しおりをつくって渡している。そのしおりには，MBCTの年月が片面に記され，裏面には「どの瞬間も新たに始まる貴重な機会（Every moment is an opportunity to start anew）」と書かれている。フォローアップ・セッションでの再会を約束して皆は解散していく。

フォローアップ・セッション（同窓会セッション）

だいたい5～6週間後に開催している。グループ療法終了後から今までの自分のマインドフルネスの練習成果を振り返り，また日常生活の変化も語り合う。なかには，思うように練習できなかった参加者もいる。互いの体験を分かち合うことで，どうしたら瞑想練習を日々続けていけるか，どうしたらつらい出来事にマインドフルに接していけるかなどを，より明確化していく。そして，その努力を重ねていく勇気と力を周りの参加者たちからもらう。

家庭での練習のほか，過去の参加者有志が毎週集まって練習する瞑想ピアサポートや，地域で実施されているマインドフルネス瞑想例会などの資源についての情報を提供する。そして別のMBCTグループで次回行う黙想会への招待をもって，セッションは終わる。

第3節　インストラクターの役割と課題

1 概要

MBCTインストラクターにとって，まず第1に大切なことは，このグループ療法の場が，各参加者にとって身体的にも精神的にも安全で，批判される恐れのない，信頼できる環境であるように配慮することであろう。各参加者の精神状態を把握したうえでどう対応するか，各人の発言を促すためにどの程度働きかけるか，また参加者間の不親切な言動にどう対処するかなどは，臨床的判断が必要とされる。どのグループ療法にも共通する点であろうが，とくにマインドフルネスを動作で示す必要のあるMBCTインストラクターには不可欠である。全体としてのインストラクターの心得として

は，前半（1〜4セッション）では，なるべく参加者全員に声かけをし，広く浅く注意と支えの「網」を提供していくこと，そして後半（5〜8セッション）では，個々の参加者のニーズと課題がみえてきているので，必要な折は参加者のより深い気づきを促すことも大切であろう。

　MBCTインストラクターに特異な点は，参加者がこの場で直接体験をできるような機会を提供することである。いろいろなワークや瞑想を通して，直接体験をできるような導入の声かけ，また瞑想終了後の，気づきと洞察をより深めるための振り返りを促すインストラクターの問いかけによって，参加者はより意味深い体験学習をしていく。さまざまな瞑想の導入スキルは，インストラクター自身の瞑想体験を深めることで磨かれていくであろう。またマインドフルネスの学びに必要な7つの要素（批判せず，忍耐をもって，初心に返って，信頼して，力まず，邪念から解き放たれ，ありのままを受容する：Kabat-Zinn, 1990）を，自らの言動や態度でもって，参加者に伝えていく必要がある。これもまた専門職研修のみではなく，インストラクター自身の精神修行（瞑想体験を含む）によってつちかわれていくものであろう。参加者の直接体験への気づきを尋ねる技術は非常に奥の深いスキルであるため，以下に詳しく説明する。

2 尋ねるスキル（インクワイアリー：inquiry）に必要な要素

　インストラクターが身につける必要のある要素を箇条書きする（Segal et al., 2013, p. 258）。

(1) 参加者への温かな関心と好奇心をもって接する。
(2) 「知らない」謙虚さを身につけること。すなわち，インストラクターがいくら専門技術や知識を学んだ専門家であっても，参加者自身が自らの体験のエキスパートであるということを，インストラクターは自覚する必要がある。
(3) 参加者を，優しさと歓迎の気持ちで迎える心が大切である。
(4) 現在の自分の体験への気づき。これなしに，人の気づきを促すことは困難であろう。
(5) 問題解決が目標ではない。今のありのままの状態のなかで発見を促

すのである（例えば，参加者がある問題に悩んでいるとする。MBCTのインストラクターの役割は，その問題を解決するのではなく，そんな現在の参加者の状態（心身の体験）に本人が「脱中心的」に，自らに優しく気づくうえでの援助を提供することである）。

(6) 困難なつらい感情の場合などは，尋ねる許可を問う敬意を示すことも大事である。
(7) 結果ではなく，経過を重んじる。
(8) 「開いた質問」（はい／いいえで答えるような質問を「閉じた質問」という）のかたちを使う。こちらの先入観に基づいての方向づけをしないこと。
(9) 分析しようとしない。「なぜ」ではなく，「どのように」「何」が起こっているのかを聞く。
(10) 参加者が話してくれたことに感謝の意を表す。

3 尋ねの流れの3段階

第1段階：「何に気づかれましたか」

身体感覚や感情（退屈・憂鬱・居心地・イライラなど），思考，イメージ，記憶，心配事，今，過去，未来のこと，音，触感など。
　ここでのインストラクターの意図は直接体験への気づき（観察）を促し，強化することであり，これは自動思考の逆である。ここでのマインドフルネスの原理は，今この瞬間への志向であり，受容的，非審判的，誠実，好奇心，支持的な優しい注意を払うことである。

第2段階：「それへの反応は？」

「それに気づいたとき，どうしましたか，どう感じられましたか」といった問いかけを通して，参加者が，自らの気づきのレンズを広げられるよう援助する。このような過程を経て，自分のくせ（思考・感情反応・行動反応のくせ）に気づいていく。それは，気づいた内容への新しい関わり方への模索を促すきっかけとなる。
　ここでのインストラクターの意図は，第1段階の気づき（直接体験への意図的気づき）に自分のマインドがどう反応したかを観察してもらい，そ

の気づきを促すことである。ここでのマインドフルネスの原理は，自らのマインドの傾向に気づいたときの優しさ，慈愛，であり，自分と「思考・感情・ストーリー」の間に距離をおく「脱中心化」であり，苦痛への新たな関わり方の発見である。

※ 第3段階：さらなる気づきへの招待

第1，第2段階での気づきをさらなる学びへと統合する。「心の健康を保つため／ストレスを減らすため／うつを予防するため，このような気づきがどんなふうに役立つでしょうか」。

ここでのインストラクターの意図は，マインドフルネスの視点から，2つの段階での学びを統合し，それがどのように，プログラム全体に流れる原理と心の健康につながるかを模索する援助をすることである。

ここでのマインドフルネスの原理は，苦しみの根本理解，積極的な自らへの優しさといたわり，「マインド」の傾向への新たな関わり方，そして新たな選択肢，新たな行動へとつながる。

例をあげてみよう。

（第1段階） ボディスキャンのあとの尋ねで，ある参加者は「また居眠りしてしまった」ことに気づく。**（第2段階）** インストラクターは，それを批判することなく，優しく好奇心をもって，「いつ，居眠りしていることに気づきましたか」，「そのとき，どんな感情や思考が湧きましたか」とさらなる気づきを促す。参加者は「なんで私は，こんなだろう。みんなちゃんとしているのに」「何をしてもダメだなあって思った」とうなだれて語る。インストラクターは，「そういう考えが出てきたのですね。とてもいい気づきでしたね。ありがとう」と，参加者が思考を脱中心化し，少し距離をおいてみられるよう，援助する。そして，インストラクターは，「もしかして，体が睡眠を必要としていたのかもしれませんね」と優しく付け加える。**（第3段階）** この気づきが「日々の心の健康にどう役立つと思いますか」と問いかける。この参加者は，少し考えたあと，こう応じる。「いつもは，周りと比較して，なぜ自分はダメなんだろう，と落ち込んでいた。でも，それは，私のくせになっている自動思考かもしれない。先生が言うように，体が睡眠を必要としていたのかもしれません。今晩は少し早く寝てみます」。この

ような気づきを通して，この参加者は，習慣化していた否定的自動思考の反すうスパイラルから抜け出して，セルフケアへと移行する。

第4節　高齢者に施行する際の利点と留意点

1　利点

抗うつ薬の服薬の必要性を軽減する研究成果（Segal et al., 2010）の出ている MBCT は，高齢者にとってとくにありがたい療法といえよう。周知のとおり，加齢に伴いさまざまな医療ニーズが増加し，服薬数も増え，薬物の副作用や相互作用が健康や日常生活の機能に差し障る場合は多々ある。また，心身の合併症，とくにうつ，不安や睡眠障害は，高齢者により頻繁にみられる（Fiske et al., 2009）。したがって，副作用の心配がなく，他のグループメンバーとの交流や支持を得られる MBCT は，高齢者にとって利点の多い療法といえよう。また，日々の仕事や子育てなどで多忙な人々と比べて，高齢者は自分の自由になる時間も長い。毎日の宿題に時間を割く必要のある MBCT は，この点でも，この年齢層に適しているといえよう。

年を重ね，人生の終わりもそう遠くないと感じたとき，人は自分の人生は何だったのであろうかと振り返り，その意味を模索するという。そんな時期，心の奥深くにある魂の叫びに耳をすまし，スピリチュアリティやライフレビューはより大切なものとなっていく。このような洞察はすでに多くの臨床家が語っている（Butler, 1964; 黒川，2005; Smith et al., 2006）。

参加者がありのままの自分を，誠実にいたわりの気持ちをもって受け入れていくよう促すマインドフルネスの養成は，このような発達段階ニーズの見地からも高齢者にふさわしいのではないだろうか。

2　留意点

以上のように，利点は多様である。留意点は，主に参加者の安全面と居心地面の配慮である。すでに詳しく述べたので，ここではそのまとめとする。

第1に，足腰弱く，ふしぶしに疼痛のある高齢参加者は少なくない。ボディスキャンのマットの厚さ，毛布やクッションでの支えなどが求められ

る。また，椅子に腰掛けてのボディスキャン練習でも構わない。ムーブメントでは，椅子のすぐ後ろに起立してもらい，必要ならば，椅子の背を支えに使ったり，疲れたら座ってのストレッチも可能である。インストラクターの指示に従うことも大事だが，まずは自分の身体のささやく声に耳をすましてもらうよう指示することは忘れてはならない。MBCTセッションで学ぶセルフケアにもつながる学びであろう。歩く瞑想も，ふつう，足の細かな動作の感覚に気づこうとして歩調が非常にゆっくりになる瞑想であり，高齢者が行うとバランスが危なくなることが多い。よって，普段のテンポまたは少しゆっくり目に歩く程度にしてもらう。足，体，呼吸などの，その時々に気づいた感覚に注意を払いながら歩くことを指示している。車椅子の参加者の場合，歩く瞑想は，車椅子を押してもらっているときの空気の動きや音や呼吸などの感覚への気づきを促すことで，十分に練習となる。

　40分の座瞑想は，25〜30分に短縮したが，これも長期の静座からくる不快感を減らすためである。無理のないような工夫は常時大切である。

　その他，弱視や難聴の参加者のための配慮（配布物・マイク）も欠かせない。

第5節　マインドフルネス認知療法を実践した5グループの評価と事例[*5]

1　背景

　この臨床研究では，2010〜2012年に，筆者がインストラクターとして実施した高齢者対象のマインドフルネス認知療法（MBCT）5グループへの参加者50人を対象とした。実施前と後に，参加者に4つの標準化された評価尺度に記載してもらい，その評価を測定して，介入前後でどのような変化があったかの分析をした。また参加者個人の事例を通して，質的分析も試みた。ここでは，この研究モデルの限界を考慮したうえで，高齢者対象

[*5] 本節は，筆者らの研究論文（Foulk et al., 2014）をもとに執筆したものである。

MBCTの有効性を検討したい。

既述のとおり，これらのグループはアメリカ中西部の町（人口11万人）にあるシニアセンターで実施され，依頼者は，医師（精神科医を含む），心理職，ソーシャルワーカー，および参加者本人や家族であった。筆者の属する高齢外来クリニックでは，従来から臨床ソーシャルワーカーが心理療法，カウンセリングを提供してきた。ちなみにアメリカでは，古くから修士号をもった臨床ソーシャルワーカーが心理職と並び心理療法を提供しており，医療の現場でも多くの臨床ソーシャルワーカーが，心理社会面の援助提供に活躍してきた。このようなソーシャルワーカーの提供する心理療法は，さまざまな健康保険の点数の対象となっており，よって利用者の個人負担金は限られている。

従来，社会では，高齢者は心理療法に抵抗を感じると思われていた。しかし筆者の勤めるクリニックでの長年の経験では，高齢者の信頼する主治医が薦め，その同じクリニックで，偏見なく居心地よい支持的環境のなかでカウンセリングが提供された場合，たいていの高齢者は受け入れていた（Ingersoll-Dayton & Campbell, 2001）。また近年高齢者の仲間入りをしつつあるベビーブーマーは心理療法への抵抗が少ない傾向にあり，心理療法の科学的裏づけも実証されてきて，そのニーズは年々増加している。

② 対象者のプロフィール

この研究の対象となった参加者は計50名，平均年齢は72.9歳（61〜88歳），性別は男性18名，女性32名であった。精神疾患の診断名は，大うつ病性障害（$N=17$），その他のうつ障害（$N=24$），適応障害（$N=5$），不安症を伴った気分変調性障害（$N=2$），双極性障害（$N=2$）であった。うつ状態の重症度は寛解から軽〜中度までと多様であった。全員，このグループの教材をこなすのに必要な程度のモチベーションと集中力をもち，自殺企図のある参加者はいなかった。うつ病の参加者（$N=43$）には，高齢期以前に発病した参加者（$N=32$）と高齢期に入ってから発病した参加者（$N=11$）の双方があった。ほぼ半数近くが抗うつ薬の処方を受けていた（$N=20$）。そのうち数名が，MBCT参加による抗うつ薬の減量を希望していた。

3 評価の方法

グループ参加前後の評価尺度として次の4尺度を使用した。

🌸 GDS-15（Geriatric Depression Scale; Yesavage et al., 1983）

高齢者専用のうつスクリーニングとして広く活用されている尺度である。過去1週間に一定の症状を体験したかを「はい」か「いいえ」で答えてもらう。うつとうつでない高齢者を見分けるのに有効であることは実証されている（Burke et al., 1991; Wancata et al., 2006）。

🌸 反すう思考反応尺度（Ruminative responses Scale, Short From: RRS-10; Nolen-Hoeksema et al., 2001）

10項目からなる尺度で、「反応スタイル質問事項」（Response Style Questionnaire; Nolen-Hoeksema & Morrow, 1991）をもとに作成されたものである。参加者の思考がどの程度反すう傾向があるかを調べる。各項目1（全くなし）～4（常に）の選択肢がある。合計値は10～40となり、数値が大きいほど反すうの頻度が高い。この研究に使用した短縮版は、元の尺度と比べても十分相関性と内部信頼性（.85）が高いことが示されている。

🌸 病院不安うつ尺度（Hospital Anxiety and Depression Scale 7-item anxiety subscale: HADS-A; Zigmond & Snaith, 1983）

過去1週間の不安症状を測る尺度である。各項目0（全くなし）～3（ほとんど常）の選択肢がある。合計値は0～21となり、数値が大きいほど不安度が高い。不安障害のある患者および一般人口の、不安症状の診断とその重症度のアセスメントとして、この尺度の有効性は確立されている（Bjelland et al., 2002）。本研究では、不安障害を測定するため、このなかの不安度評価尺度の7項目を使用した。

🌸 睡眠問題尺度（Sleep Problem Scale: SPS; Jenkins et al., 1988）

過去1カ月の、本人に認知された睡眠困難の頻度と重症度スクリーニング尺度である。4項目からなり、0（1カ月間ゼロ）～5（1カ月間22～31日）の選択肢がある。合計値は0～20となり、数値が大きいほど睡眠困難度が高い。この評価尺度は、異なるセラピーがどの程度睡眠障害に有効かをみるために開発され、内部一貫性（.79）は高い（Jenkins et al., 1988）。

❀ グループ終了時の参加者の評価

最終セッション 8 で参加者に配る。参加者は MBCT が自らのうつ・不安再発予防にどの程度重要だと感じているかを，0（まったく重要でない）〜10（非常に重要）で示す。そして，なぜこの数値に決めたかを自由記述で説明する。

4 研究結果

❀ 高齢者への適性

MBCT が高齢者に適しているかどうかをみる基準は 2 つある。十分参加者が集まるかと，中断する人々がどの程度いるかである。この 5 グループでは，一貫して 7 〜 12 人の参加者を集めることができた。当初参加した 50 人のうち，37 人が最後まで完了した（74%）。中断した理由は，①忙しくて，ストレスがたまる（$N=4$），②病気・怪我・障害（$N=4$），③グループに間に合うために朝早く起きるのがつらい（$N=2$），④「MBCT をしなくても，大丈夫」（$N=1$），「瞑想は自分に向いていない」（$N=1$），「落ち込みがひどくこのアプローチが無理」（$N=1$）であった。このうち，MBCT を不適切としたのは 2 名，つまり落ち込みが強すぎて継続できなかった参加者と，瞑想が自分に向いていないとする参加者であった。また，この研究期間中に，MBCT からの悪影響を訴えた参加者はゼロであった。前述のとおり，朝に起きられなくて中断した参加者が出たあと，実施時間は午後に移された。

❀ 評価尺度の結果

ウイルコクソン-サインランク検定によって，グループ施行前後の，報告された症状の変化を調べた。4 つの領域すべてに改善がみられたが，有意な改善を認めたのは，睡眠（$Z=-65.0$, $P=0.0439$），不安症状（$Z=-123.0$, $P=0.0002$），反すう思考（$Z=-137.0$, $P<.0001$）であった。うつ症状（$Z=-30.5$, $P=0.0842$）に関しては，有意に近い改善が認められた。

5 グループ全体の平均症状改善率は，睡眠 14.5%，うつ症状 16.9%，不安症状 22.3%，そして反すう思考 25.9% であった。そのうち全体で 25% 以上の改善をみた症状は 8 項目あった。「何もしたくないということを考える」

（反すう思考）では，40％の改善率を認めた。「集中するのがどんなに困難かということを考える」（反すう思考）でほぼ36％，「急にパニックの気持ちにかられる」（不安）で31％，「どんなに悲しいかということを考える」（反すう思考）で30％，「いつもの時間帯に睡眠をとったあと，疲労困憊して目覚める」（睡眠）でほぼ30％，「なんで自分はやっていけないのだろう，と考える」で26％，「自分のすべての欠点や失敗，至らない点を考える」（反すう思考）で25％，「じっとしていられなく，落ち着きがない」（不安）で25％，改善が認められた。これらの尺度結果からわかったことは，MBCTグループ終了時には，参加者全体として，反すう思考，不安およびうつ症状，そして睡眠問題が減少したということであった。

5 事例

「あなたにとってMBCTは，自分のうつ再発予防にどのくらい大切だと思いますか」という質問への答え，すなわち，参加者が自己認知したMBCTの重要性は，0（全くなし）〜10（最も重要）のうち，平均値8.86（4〜10）であった。その後，参加者はどのような要素を考慮してこの数値を選んだのかを自由回答形式で記述した。以下，どのようにMBCTが役に立ったかを，参加者の生の言葉を交えつつ事例をあげて説明したい。

事例1

Dさん（86歳，未亡人女性）は，生涯を通して軽度のうつ経験者であった。親に代わって多くの妹と弟を世話しなくてはならなかった，つらい子ども時代の記憶をもつ。そして結婚後も，夫が気難しく苦労した。30代で，離婚をしようかと悩み，自殺企図から2週間の精神病院治療を受けるも，薬の副作用に耐えられず中断している。50歳代半ばには，夫が事業に失敗して多大な借金を残してメキシコに逃亡，彼女を絶望と怒りのなかに陥れたという来歴をもつ。兄弟との最近の葛藤がきっかけとなり，自己嫌悪と落ち込みのなかで困惑していたため，かかりつけ医が個人カウンセリングを依頼し，カウンセラーは，Dさんを軽度うつ歴のある適応障害と診断した。彼女の状態が落ち着きを戻し，個人カウンセリングが終了した数カ月後，カウンセラーは彼女へのMBCTを依頼した。

MBCTの期間中，Dさんは，こつこつとまめに宿題をこなしていった。

とくにボディスキャン瞑想の練習を好み，そのおかげでよく眠れるようになった，と語っている。グループ終了後，彼女はこう書いた。「過去に私をうつへと追いやったとてもつらい気持ちを話せる場所と仲間，そして，そんな気持ちや思考に対応するスキルを，このグループは与えてくれました。とても感謝しています」。

グループ終了後も，Dさんは3分間呼吸空間法を毎日3回，そして就寝前にはCDを聞きながらボディスキャン瞑想を練習した。そして5週間後のフォローアップ（「同窓会」）セッションにて，こう報告している。「以前と比べて私はずっと幸せに感じています。エネルギーももっと湧いて昼寝も前ほど必要なくなりました。80年前のつらい記憶が蘇って……以前はうそで塗り固められた生活をしていたことに気づきました」。

❋ 事例2

M氏（79歳，男性）は，妻と自宅で暮らしており，大うつ病の診断を受けている。退職前は，成功したキャリアをもつ専門家であった。しかし今は弱視で盲目に近く，日々の生活には，送迎を含めたさまざまな援助が必要であった。グループ参加前の2年間は，精神科医による治療を継続して受けていたにもかかわらず，日々「おまえは役立たずだ，死ね」という声（根強い思考）が頭のなかで渦巻いていた。そうしたなかで，彼の精神科医がMBCTを依頼した。

当初，M氏は表情も暗く，グループ内での発言も疑惑と絶望感に満ちたものだった。マインドフルネスが果たして役に立つのか，そしてどのように気分が向上するのかを，猜疑の目でイラつきながら質問した。そんな彼に，インストラクターも他の参加者も批判することなく支持的に接した。

あるとき，ある参加者が，有名な仏教の教えである2本の矢についてM氏に話した。第1の矢はその人の人生に起こる出来事，第2の矢はそれへの本人の対応の仕方であった。この比喩は，M氏が自身の状況を振り返るうえで役に立った。それ以来彼は，自らの心の痛みを「第2の矢」とよぶようになった。そうして，この第2の矢は，自分が変えていけるものではないかとの希望をもつようになった。セッション3終了の頃から，次第に表情の沈痛さも和らぎはじめ，グループ休憩時間も他の参加者と交わる姿が見られるようになった。

グループ終了後，M氏はこう書いている。「この頭のなかで繰り返される思考，第2の矢，そしてそれに続くさらなる思考を，今は止めることができるようになった。その結果，気分も軽くなった。ありのままの状況をより受け入れることができるようになって，以前より自分へのいたわりも増したように思う」。

事例3

Rさん（63歳，女性）は，まだフルタイムでマネージャーとして勤務しており，夫と高校生の息子と暮らしている。家庭と職場のストレスから，最近いつも疲労と不安，焦燥感を抱いていた。かかりつけ医からのMBCT依頼であった。診断は，全般性不安障害。

Rさんは職場に頼んでMBCT実施中のみ金曜日の午後に3時間の休みをもらい，グループに駆けつけた。はじめはなかなか宿題をする時間と機会がなく焦っていたが，そのことを批判せず現状を優しく受け入れるグループの雰囲気のなかで，徐々に緊張がほぐれていくのが彼女の言動からうかがわれた。

グループ終了後，彼女はこう書いている。「このトレーニングはとても役立ちました。継続している不愉快で困難な出来事のさなかにも，緊張がとれる体験をしました。私にとって，実際に起こっていることと，自分の頭のなかで構築したことを見分けられる能力を得られたことは，自分への信頼（自分も対処できるという）を保つうえで，とても深いレベルで大切なことでした。自分の周りについて何も統御できない状況のときでさえ，（パニックにならずに）自己統御できるようになりました」。

事例4

Y氏（62歳，男性）は，大学時代から大うつ病の症状を何回も体験してきた。総合医療機関に勤務しており，精神科医による抗うつ薬治療と心理療法を継続して受けてきたが，最近の発病ではなかなか寛解に至らず，休職，ついには退職せざるを得なくなっていた。そんな時期，MBCTが始まることをメールで知り，自ら連絡してきた。その後，精神科医とカウンセラーからも承諾を得て参加が決まった。

うつが寛解しておらず，また他のグループ参加者よりも若いことや，現役なのに休業中であることに引け目があったためか，はじめのうちはグルー

プメンバーとほとんど交流せず,休憩中スマートフォンを見ていることが多かった。宿題もなかなかできず,グループ内での発言も当初はほとんどなかった。そんな状態が,うつの領域を学ぶセッション4の頃から変容していく。うつ症状の引き金となる否定的な習慣的自動思考リストの例を見て,Y氏は,どれもまったく自分の思考と同じであると驚嘆した。そして,これは自分が人間として劣っているからではなく,この病気の症状によるものであることに気づいていった。それとともに,今まで自分に課していた重圧的な気持ちが軽くなっていく。宿題も徐々にできるようになり,グループ内での発言も増えていった。顔の表情も柔らかくなり,声にもはりが出てくる。

グループ終了後,Y氏はこう書いている。「私の人生で初めて,自分のうつと不安をなくしていくためのツールを得たように思います。認知行動療法も抗うつ薬もある程度は役に立ちましたが。マインドフルネスと神への信仰の両方が,一番効果的なアプローチでした。これらのおかげで,うつ状態がかなり改善しました。こんなことは初めてです! ありがとうございました!」。

6 研究の考察

この臨床研究の結果は,MBCTが,うつや不安症高齢者への非薬物治療として可能な選択肢であることを提案している。MBCTは高齢人口にも,その安全性と心地よさを十分確保しつつ適応できるということを筆者は学んだ。そして,このプログラムを完了した人々は,不安症状や反すう思考の軽減,睡眠問題の頻度が低下という有意な改善をみた。そのうえ,うつ症状の改善も有意に近い変化がみられた。不安と反すう思考の軽減が,将来のうつ再発への脆弱性を低下する可能性があると推定されるが,これは今後のフォローアップ研究への課題となろう。

次に,いかにグループ形式が高齢参加者たちに役立ったかという点に注目したい。これは上記の事例からも読み取れることであるが,批判せず優しく現状をありのままに受け入れるマインドフルネスのスキルを身につけていく過程で,参加者たち自身が,インストラクターおよび他の参加者に支えられ,受け入れられていることを体験する。そして以前は自己批判の

強かった参加者が，その至らない点も含めて自らを受容していくという変化を筆者はみてきた。グループ当初は落ち込み，宿題やグループ参加もろくにできなかったY氏（事例4）やM氏（事例2）も，周りの参加者たちの気配りや受容を通して，もしかしたら自分もやっていけるのかもしれないという希望へ，そしてやる気へと導かれていった。Dさん（事例1）は，このような支持的なグループのなかで，初めて自分のつらさを語ることができ，そして，そんなつらさに自らも向き合っていくことを学んでいった。また多くの参加者が，瞑想練習をするうえで，自分ひとりではなく他の参加者もいるというグループ場面が役立ったと語った。

本研究が残している課題として，研究デザインの限界がある。個々の参加者の治療を目的とする臨床の場で行われたこれらのグループは，研究を目的としてデザインされたグループ構成や，実験室での研究とは異なり，条件の統制に限界があった。すなわち統制群およびグループへの参加者のランダムな割り当てや介入モデルのバリエーションの欠乏（内部妥当性を脅かす要素）であり，また，これらのグループが同一セッティングで同一インストラクターによる（外部妥当性を脅かす要因）ものであったことがあげられる。よって，MBCT施行前後の有意な症状改善はみられたものの，その因果関係は実証されていない。これらの課題は，今後の研究に期待したい。

第6節 まとめ

この章では，高齢者対象のMBCTの実際を，参加者の募集と事前面接，そしてインストラクターの役割と仕事を，実施前の準備の段階から各セッションの課題，内容や工夫に至るまで，筆者の体験を交えながら詳細に述べた。また，このグループ技法が，高齢者特有のニーズ（視聴覚・身体面・記憶など）への気配りとわずかな調整をもってすれば，高齢者に十分適応しているばかりか向いているということも，筆者の体験や臨床研究の結果から明確となった。とくに人生後期において，より誠実に自らの人生が何であったかに気づき，それをいたわりの気持ちで受容したいというこの年齢層のもつ発達段階的ニーズに対して，MBCTはそのひとつの方向性を示

してくれるものである，と考える．そのことを86歳のDさん（事例1）は雄弁に語っている．「以前と比べて，私はずっと幸せに感じています．エネルギーももっと湧いて，昼寝も前ほど必要なくなりました．80年前のつらい記憶が蘇って（…）過去にはうそで塗りかためられた生活をしていたことに気づきました」．

　このグループの課題および成功の秘訣はインストラクターの質であろう．それには十分な研修が必要であろう．このことは，第3節「インストラクターの役割と課題」で述べたように，参加者の直体験（瞑想を含む）直後のインストラクターの問いかけが，いかにMBCTでの学びの主軸をなしているかを考えれば明白である．MBCT研修受講はもちろん大事であるが，高齢者への理解と関わりへの経験，心理療法およびグループワークの知見と経験は必須であろう．筆者は北米在住なので，MBCT研修（5日）やその上級講座研修（5日）も比較的アクセスが容易であった．MBCT初回オンライン研修が2017年1月に提供された．しかし，これらは英語である．日本語で，日本国内でもこのような研修を受けられる日が1日も早く来ることを願ってやまない．

　その他見落とせない大切な点としては，インストラクター自身のマインドフルネス訓練があげられる．その面の研修や，黙想会，そして日々のマインドフルネス養成を通しての自己研磨である．これらは，労力と時間のかかることではあるが，インストラクターが専門職として，またひとりの人間として成長していくうえで，非常に有意義でかけがえのない経験となると確信している．

第3章

家族介護者のためのマインドフルネス
――高齢者・認知症者とともに生きる人びとのケア

ローラ・ライス-オシュガー&フォーク阿部まり子

第1節 はじめに――なぜ介護にマインドフルネス?

この章では,介護者にとってのマインドフルネスの概要,および家族介護者や専門介護職のためのマインドフルネス実践に関して探索したい。

アメリカの学校では,未来を担う青少年に,介護のやり方や健全な介護者になるためには何が必要かといったことを教えない。しかしながら,介護は,私たちのほとんどが一生のうち一度は経験するものである。なかには,何年も,何十年もの間,介護者の役割を担う人もある。学校教育の代わりに,運がよければ家庭で学ぶ。その必要性に迫られて初めて学ぶ人も多い。サービス機関は,スキルに基づいたプログラムや疾病に関する知識を提供するが,過半数の介護者は,介護というチャレンジに自分が準備不足で無知・無力だと思い,不安や恐怖を感じ,疲労困憊した状態であるという調査結果が発表されている (The National Alliance for Caregiving-NAC & The American Association of Retired People-AARP, 2015)。

知識は不可欠である。しかし,真夜中に混乱したり焦燥感に駆られたりする要介護者(配偶者もしくは親)に穏やかに対応しながら,その不安をなだめるには,知識だけでは足りない。慈愛,その瞬間の存在感,傾聴と思慮深い応対が,長期的にはより必要であり,より効果的である。

筆者(ライス-オシュガー)は現在ヘルス教育者(マインドフルネス教師)でソーシャルワーカーであるが,介護の基礎について考えるときは,

図3-1　ミシガン大学マサイ植物園（アメリカミシガン州アンナーバー市）

ミシガンアルツハイマー病センター（Michigan Alzheimer's Disease Center.）の提供する「マインドフルネスに基づく認知症ケア」（Mindfulness-Based Dementia Care）と「ひと息ついて」（Catching Your Breath）のプログラム会場。
All photographs courtesy of Laura Rice-Oeschger. Ann Arbor, MI. 2016.

「介護家族」のなかで育った自分自身の過去の経験を今もひもとく。

　筆者の母が家族介護者であり，まだ幼かった筆者はその母と常に一緒に行動していた。個人的にも専門的にも，将来のためのトレーニングを受けているとは，そのときは微塵も気づいていなかったのだが。母は一人っ子であり，高齢の両親はさまざまな病気や症状に苦しんでいた（そのうえ，母の両親は移民一世であり，その時代の文化からも，娘が介護をするのは当たり前のこととして期待されていた）。母は核家族の世話，および両親とその家の世話に従事し，その結果自らの抑うつと不安に対処せねばならなかった。彼女は，すべてのニーズが叶うよう，そして財政面の困難や大きな変化からのダメージが少しでも軽減するよう，自分の持ち合わせていた資源を使って，できるかぎりのベストを尽くした。しかし最後に，両親をみとり埋葬したあと，自分が「よりよく」介護をしたらよかった，と悔いた。自分は，両親の期待に添えなかった，失敗した，と感じた。その姿は痛ましかった。それが母にとってどんなに困難であったかは，計り知れないものがある。

介護者としての役割が終わったあとも，母の苦悩は終わらなかった。悲嘆のうちに，後悔と恥と罪悪感を抱き続けた。もちろん，彼女の過去の体験はもう変えることはできない。変えることのできるものは，その過去の体験に自分がどう接するかであった。筆者の家族は1980年代，マインドフルネスという概念は知らなかった。母は，自分の苦悩の意義を見出し，そして他者の苦悩を軽減することで，その苦しみに対処する自らの方法をみつけていった。それは美しい，そして気高いものであった。他の介護者への援助を通して，その人たちが余計な心痛や困惑をせずにすむようにする，というものであった。母は15年以上，自分の地域の家族介護者へのサービスに献身した。介護者の意思決定の過程，新しいスキル獲得，そして将来の計画を立てるうえでの援助を提供した。

　介護者が援助を求めず介護の意味を見出せないとき，何が問題かと問われたら，筆者は即座にこう答える。「その人の人生全体の質（QOL）に関わるのだ」と。これは誇張ではない。この問題は大きく，支援，研修，サービスがそこにない場合，喪失されたQOLの回復は難しい。母は回復したが，残念なことに回復しない介護者も多い。そして健康を損ない，寿命を縮めた介護者も数多くいる。幸いなことに，母の場合は，時間はかかったが元気を取り戻した。娘としての介護の経験はいまだ完全に心のなかで消化してはいないものの，母は新たなエネルギーと洞察を獲得した。母のストーリーは，予防と希望のメッセージを提言している。そのおかげで，筆者は今，介護実践におけるマインドフルネスの章を書いている。人生早期に介護に触れた経験が筆者の世界観と行動に影響したように，マインドフルネス実践と研修が筆者の人生とキャリアの軌道を変えた。

　現在，家族介護者にとって新たな道，それは避けられるような不必要で余分な障害を防ぐだけのものではない，そのような新しい道があるということがわかっている。マインドフルネス実践によって，人生で出会うさまざまな困難に，心の深い弾力性（レジリエンス）をもって対応できるのである。それを少しでも早く知ることは賢明であろう。もちろん遅すぎることは決してないが，筆者の世代（40代）も，高齢者から学び，自らへの慈愛をもって賢明に準備し，そして自分の番が回ってきたとき，慈愛をもってケアを施すことができることを願いたい。好むと好まないとにかかわらず，私たち

図3-2　介護参加者が書いた自分の目的
（マインドフルネス認知症ケア：セッション1）

が介護者になる日は到来する。では，どこから始めたらよいだろうか。まず，自分自身の目的を明確に理解しよう。あなた自身に問うてみてほしい。どのような介護者になりたいのか，と。介護者として，どのような質を備えたいか，と（図3-2）。筆者の教えるマインドフルネス認知症ケア（Mindfulness-Based Dementia Care: MBDC）では，ここから始める。

第2節　マインドフルネス実践としての介護

1 これまでの研究成果

マインドフルネスストレス低減法（MBSR）の応用版としてのマインドフルネス介護プログラムに関する研究が発表され始めたのは，まだ10年ほど前のことである。すでに世界的に知られている実践家・研究者のジョン・カバットージン（Jon Kabat-Zin）によって1970年代に大学病院で開発されたMBSRは，当初は他の医学的治療では緩和できない慢性疼痛に苦しむ成人を対象にしていた。この有名なプログラム・モデルはすでに数十年間研究の対象となってきた。彼の画期的著書『マインドフルネスストレス低減法』

(Kabat-Zinn, 1990 春木訳, 2007)で, このプログラムは説明されている。

この40年の間に MBSR はより広範囲の介入へと花開き, 世界中に広がり, そこから数々の新しいプログラムも生まれていった。そのなかでも最も重要なものに, マインドフルネス認知療法（MBCT）がある（第1章, 第2章参照）。

マインドフルネスの脳科学的研究

脳科学の発達とともに, 短期（8週間）および長期のマインドフルネス瞑想が成人の頭脳に及ぼす影響もわかってきている。

ノーベル生理学・医学賞受賞科学者のブラックバーン（カリフォルニア大学サンフランシスコ校）のチームによる研究では, 介護による長期のストレスによる細胞の時期尚早の老化が認められている (Epel et al., 2004)。この研究では, テロメア（末端小粒）の長さと家族介護者のストレスとうつの相関を発見した。テロメアは, 染色体の末端部に位置し, 病気や細胞老化から染色体を保護する役割をもつ。そのテロメア活性化にマインドフルネス瞑想訓練がいかに影響したかを分析する初期研究 (Jocobs et al., 2011) も発表されている。今後のさらなる解明が期待される分野である。

他の研究では, 短期のマインドフルネス実践による, 集中力と情動コントロールに関わる領域の脳の神経細胞の活性化と増長が報告されている (Hölzel et al., 2011)。これは, 全体のウェルビーイング（情緒面・認知面・生理面の健康）に及ぼすマインドフルネスの効果を示す数多くの先行研究を補強するものである。これらは, 日々の介護にもよい影響を与える可能性を示唆している。

マインドフルネス瞑想がストレスによる免疫低下やDNA構造の破壊を抑制することを示唆するこれらの研究は, 介護に希望の光をもたらすものである。しかし, いかにマインドフルネス実践が身体と脳に影響するかに関しては, さらなる研究が必要であろう。

介護者の健康に関する研究

昨今は, 世界的レベルで, 認知症の治療のみではなく, 介護者の健康もその研究対象となってきている。2016年には, 国際アルツハイマー協会が, 介護者の健康を新たな対象のひとつに加えた。

また,「アルツハイマー, 認知症, 患者および介護者研究ネットワーク」

(Alzheimer's, Dementia, Patient & Caregiver Powered Research Network: ADPCPRN) が，メーヨークリニック（MAYO Clinic）のリーダーシップの下に発足した。これは，協働，情報共有，患者と家族のアクセスを目的とし，とくに少数民族と介護者を対象とする研究に力をそそぐことをねらいとしている。この領域の理解と認識を高めるうえでの，新たな時代の到来を示している。

しかし，マインドフルネス実践が長期間介護にどのような影響を与えているかに関する研究が始まったのはごく最近のことである。現時点では，認知症介護に関して数カ月以上の長期の研究データはなく，この分野ではより多くの研究が必要とされている。長期的効果をもたらすうえで，どの程度マインドフルネス研修が必要なのかは，まだ明らかにされていない。ただし，他の分野の研究結果から，成人におけるストレスおよびストレス耐性への効果を学ぶことはできる。

そうしたなか，アメリカ退職者協会が『介護者のための瞑想——あなたと家族への実用的，情緒的，スピリチュアルな支え』と題する本を出版した（Jacobs & Mayer, 2016）。アメリカ退職者協会は現在3800万人の会員（50歳以上）を抱える非営利福祉団体であり，医療ケア，収入保障，雇用などの分野に力を入れている。そのような団体が，介護者向けの瞑想を出版物として取り上げたのは，非常に画期的な出来事といえよう。

まさに瞑想は，今や主流になったのみならず，ヘルスケア，セルフケア，家族生活そして高齢者領域での実証された重要な要素となりつつある。

介護への応用の広がり

MBDC の第1モデルは，2012年にマーガリット・モントーーラオ（Marguerite Manteau-Rao）により，家族および専門介護者に向けて紹介された。その後も工夫を重ねて精錬されている。現在カリフォルニア州，ミシガン州，アリゾナ州で教えられ，その効果を評価する作業がなされている（Manteau-Rao, 2016）。他のマインドフルネスほど多くの研究はなされていないが，現在 MBDC への関心は高まりつつある。先行研究の結果は将来への期待を予測するものであった（Dioquino et al., 2016）。マインドフルネスに基づく他のカリキュラム同様，MBDC も普遍的な効果を示す可能性を秘めている。

マインドフルネスを介護に取り入れるアプローチの初期の実践研究者に

オリビア・ホブリッツェル（Olivia Hoblitzelle）がいる。彼女の体験をつづった『何千もの喜び，何千もの悲しみ——アルツハイマーを通しての夫婦の旅』（Hoblitzelle, 2010）では，アルツハイマーを患う夫ホブのケアパートナーとしての自らの体験を，思索とマインドフルネスのレンズを通して美しく叙述している。また，この本には瞑想や振り返りの質問が載せてあり，介護者へのガイドブックの役割も果たしている。他のマインドフルネスアプローチに加えて，介護者にマインドフルネス実践と振り返りを紹介する新たな道を示した。同書は，Independent Publishers Book Awards（金賞）と，Nautilus Book Awards（銀賞）を受賞した。

MBSRインストラクターでもあるルチア・マクビー（Lucia McBee）は，その2008年の著書『マインドフルネス・エルダーケア』（McBee, 2008）のなかで，介護者の視点を述べている。同書は，高齢者ケアとその専門介護職へのマインドフルネス・アプローチを模索した最初の本であろう。

その頃，ミネソタ大学ヘルスセンター所属「スピリチュアリティと癒しのセンター」（Center for Spirituality and Healing, Academic Health Center）のロビン・ホワイトバード（Robin Whitebird）がMBSRプログラムへの介護者の募集，研修および参加継続に関する2本の研究論文を発表した（Whitebird, 2011, 2013）。また同じ頃，アメリカで共通の関心を抱く何人かの臨床家や研究者が出会い，MBDCの学習および共同研究を始めた。現在，そのような研究成果の発表，また国際的にも共通の関心をもつ専門家への呼びかけ，そして介護と認知症分野でのマインドフルネスのインストラクターを養成し，深め，広めていこうという動きがある。

❀ 介護者がマインドフルネスを学ぶときの注意点

> 私が常に走っているとき，そこにとどまる時間はない。そこにとどまる時間がないとき，聴く時間もない。
>
> ——マドレン・レングル（L'Engle, 2001）

今は，介護，認知症，マインドフルネスの分野の専門家や臨床家を通して，さまざまな介護関係や介護環境での応用が世界のあらゆる場所で始められているため，介護者へのマインドフルネス研修を分かち合えるエキサイティングな時期である。長距離でのインターネット研修などが，その広

がりを促進している。

　行動を変化させるような意義あるスキルを学ぶ場合の多くがそうであるように，マインドフルネス実践にも，努力，時間，継続性と支えが必要である。介護者の場合はとくに「時間」をもちあわせていない。また，私たちは即座の満足（ファーストフード・即効性のダイエット・瞬時の情報入手とコミュニケーション・即日配達など）を助長するような社会に生きている。このような背景は，介護者のもつ期待をより複雑にするかもしれない。とくに若い介護者の場合，介護の問題を即座に解決してくれるような資源を探すことが多い（もちろん私たちの誰もがそれを望むのだが）。

　幸いなことに，マインドフルネスのコースでは，このような自らの傾向に気づき，期待や行動を改善していくことが可能である。例えば，介護者がMBDCのコースを再度受けるということは，まれではない。これはとてもよいことであり奨励されるべきことである。他の新しいスキル取得のモデルでは，コースを再度やり直すことは，あたかも落第者のように思われがちであるが，マインドフルネスのコースの場合，それはより深いコミットメントを示すことであり，介護というダイナミックで常に変化していく要素を認識しているといえよう。体得するのが目標ではない。コース終了後も，継続する学びを支持するような，定期的な実践の機会を提供することは大切である。そのうえ，人生がそうであるように，ケアを受ける人も，与える人も変化する。MBDCに再度出席することも，実践に関してはある程度なじみがあるものの，新たな状況は新たな質問を生み出すので役に立つ。

❷　なぜマインドフルネスか——介護者であること

　マインドフルネスがストレスの悪影響に対抗できるという研究報告は，介護者，そしてその人々のケアをする医療従事者にとってうれしい知らせであった。マインドフルネスの実践は高価ではなく，どこでも施行，応用できる実践である。カバットージンの，今はすでによく知られている引用にあるように，「どこに行こうと，そこに私はいる」（"Wherever you go, there you are"; Kabat-Zinn, 1994）。長期の介護，とくに認知症の介護はしばしば自制できない「混乱をきわめる」ものとされる。家族介護には，次に何が起こるかわからないという予期できない要素がある。そして常に気の許せな

いピリピリとした神経が介護者，その脳，その人間関係や家族生活をさらなる疲労困憊へと追いやるのである。

マインドフルネスの実践は，環境への我々の行動や決定がいかにパワフルであるかを思い出させてくれる。私たちは誰も，次に何が起こるのかを知らない。しかしながら，どのような変化が起こるのか，そしてさらなる状態の悪化への予測は，介護の一部なのである。ただ違うことは，このような変化や悪化が，いつも起こっているのではないということ。ここにリスクが潜んでいる。介護者は，ささいな変化や決定や出来事を，安定の喪失，またはそれを脅かすものと解釈してしまいがちであり，そのような姿勢が対処に必要な内的資源（例：心のゆとりや知恵）を圧倒してしまう。同年齢層の介護をしていない人たちと比較して，介護者がうつや不安症を患う率は60〜70％も高い（Zarit et al., 2006）。マインドフルネスはそのような介護者に安定と支えを提供する。そして，エネルギーと時間を長期的に要求される不確定な状況のさなかで，ストレスへの弾力性を築き，身体面の健康を守り，精神面の柔軟性を高める。

この未知への対応は，カバット-ジンのもうひとつの有名な句にも語られている。「私たちは波をコントロールすることはできないが，波乗りを学ぶことはできる」（"We cannot control the waves, but we can learn to surf"; Kabat-Zinn, 1994）。内的および外的資源を必要とする介護の大変さを単純化するつもりはないが，この「波乗り」は私たちのもつ可能性，そしてそれに対比される，介護される高齢者の障害（不・能力：dis-ability）——しばしば誇張される——に光をあてている。介護に伴う重荷を否定はできない。しかし，介護における多くの資源や可能なウェルビーイング（心の充足感）を探求しないのも賢明とはいえないであろう。定期的なマインドフルネス実践を通して，介護者もその生活（生命）の質（QOL），充足感や健康の改善および維持をはかることができる（Whitebird et al., 2013）。このような利点を理解し，マインドフルネス養成の機会を介護者が得ることができるよう支援することは，介護という人類史上最も古くからある思索的スキルへのエキサイティングで新しい貢献となろう。

③ 個人の利益を超えて──自己内面から自己超越のマインドフルネスへ

　私たち自身，「ケア・ギバー」〔ケアを与える者〕という概念から遠ざかる必要がある。そして「ケア・パートナー」の方向に歩んでいく必要がある。それは，認知症という旅における協働と新しい役割への適応を受け入れていくことでもある。この旅において，私は「サバイバー」〔「犠牲者」という言葉に対比して使用される言葉。「困難を克服していく者」といった意味〕になれる，認知症をもつ人，そしてあなたは私のケアパートナーになれるのである。あなたとケアパートナーになれる。そして，私の本当の気持ちやニーズを伝えること，そうすることによって，あなたはそのようなニーズを補充し変化に適応しながら，この困難を共有し，私の横を一緒に歩んでくれるのだ。

(Bryden, 2005)

　日々の介護活動をマインドフルネスの実践とみなすことは，重要なパラダイムの転換である。私たちの役割をどのような言葉で表すかが，行動や責務をどのようにこなしていくかに影響を与えるということに注意を払いたい。「ケアテーカー」（「世話人」）という介護者を表す単語が，「ケアギバー」（「ケア提供者」）という言葉に代わったのが前世紀の後半であった。そして今，それはパートナーシップ，家族，ネットワークを包括する意味を含む「ケアパートナー」に変容しつつある。このようなケアパートナーという概念のなかでのマインドフルネスは，介護の対象であるパートナーをも含むものである──たとえその人が，マインドフルネスのクラスに参加しなくても，その実践をしたことがなくても。マインドフルネスの実践を通して瞬時の充足感に気づくことができるようになることに加えて，マインドフルネスを実践する人のみではなく，その本人が接する相手の充足感や行動にも波紋のように影響するということは興味深い。私たちがケアの対象とするその人である。

　このような実践者個人を超えたマインドフルネスの利点は，今までのマインドフルネス研究では直接扱われていない。多くはその実践者のライフスタイルの変化に焦点をあてている。しかし介護の分野では，これは非常

に重要な要素といえよう。介護者としての私の行動は，介護を受ける人にどのように影響するのであろうか，ということである。この質問は，マインドフルネスがもつ変容の力を物語るとともに，しばしば誤解されて「問題行動」とみなされる一連の行動の緩和にもつながる。従来は，介護者の主なストレスは，認知症状に由来する困難な行動に焦点をあてられていた。しかし，心身の充足を認知症をもつ成人の住居のねらいとしたエデン・オルタナティブ（Eden Alternative：エデンの園に代わるもの。Fox et al., 2005）のような，包括的健康を基盤にしたケアモデルの到来により，認知症ケアにも文化的変化が訪れた。過去20年間，認知症ニーズや行動を我々がどう解釈，対応するかに関して，草の根的な努力が払われてきた。このアプローチでの認知症者のウェルビーイング（広義の健康）の枠組みは次のとおりである。アイデンティティ（自分は何者か），絆，安全，自立，意味，成長，喜び。これらの単語をひと目見ただけでも，認知症，認知面の変化のなかで生きる成人の威厳と価値に配慮した方向に，会話を変えることに気づくであろう。

> 「ウェルビーイング」は生活の質（QOL）や顧客の満足というような概念よりもっと広義のものである。それは，人間のもつニーズと容量（能力）の包括的理解に基づくものである。「ウェルビーイング」はつかみどころのない，主観的な，そして人間が所持する最も貴重なものである。
> (Thomas, 2004)

マインドフルネス・アプローチと相まって，行動はさらに大きな視点から把握されるようになる。そこには介護者，介護態度，そして環境すべてが均等に含まれる。介護者の適応に欠ける対応行動が，ケアを提供する人の生活の質やその人が特定の行動を提示するニーズに，影響を与えているかもしれないということが，そこで初めて理解できるのである。

マインドフルネスの目的は，介護者のストレス低減のほかにも，ベストなケアを提供したいという「意図」にも深く関わっている。これは，完璧を意味するのではなく，その瞬間起こっていることへのマインドフルな対応というケア実践をさす。それは，過去の経験や将来の不安に根ざした，習慣的で狭い範囲の反動的な行動に代わるものである。いいかえるならば，今

図3-3 「見ざる,聞かざる,言わざる」
マインドフルネス・ウェルネスのイベントでの3人の介護者の遊び。パラフィンで手のスパを受けている光景。

この瞬間に「存在する」ということである。介護者は,将来に焦点をあてた見方をしがちである。自然とニーズを予期してそれに見合うようにしていくと,次々に展開する意思決定の迷路を築き上げることとなり,介護者はそのなかでクタクタになってしまう。神経をとがらせて事態を制御しようと努力することで,介護者は次第に柔軟性を失い,より神経質になってしまう。これは,予期できない不確かな状況のなかで,安定をはかるのに役立たない対処法の一例であろう。「正しい」ことは何かを知ろうとする介護者のニーズが,その瞬間において真に「必要」とされていることに気づく目をくもらせてしまう。介護者の目が将来または過去の体験や期待に行ってしまっているとき,明確に今をみることは不可能である。

4 介護におけるマインドフルネスの7つの効用

> あなたが私の望むような人ではないので,私には本当のあなたが見えない。　　　——マドレン・レングル (L'Engle, 2001)

介護におけるマインドフルネスの効用として,下記の要素がMBDCのカリキュラムに含まれている (Manteau-Rao, 2016)。

(1) 落ち着いた穏やかな存在
(2) 期待や願望のみにとらわれない
(3) あること 対 すること
(4) 対応すること 対 反動的な反応
(5) その人となりへの気づき
(6) 環境への気づき
(7) その場に100％いることへの気づき

これらをもう少し詳しくみていこう。

❈ 落ち着いた穏やかな存在

継続したマインドフルネスの練習を通して，心の落ち着きと穏やかさは自然とつちかわれていく。多くの介護者にもっと忍耐力と適応力があり心静かになれたら，と願っている。残念ながら，いらだちのさなかに，そのような願いに気づくこともある。ここにはチャンスと悪循環の両方がある。単にいらだちに気づくか，いらだっていることにいらだち，さらなるストレスを作り上げるか。このMBDCのクラスで参加者に「忍耐はどこから来るのでしょうか」と問いかける。往々にして私たちは，ある特定の目標（例：忍耐する）を達成することに一生懸命になってしまい，自分の意図やそのような望ましい状況をかもし出すのに必要な条件や環境のことを忘れてしまう。まず，今の自分の気持ちに気づくことは，「違ったふうだったらいいのに」と習慣的に願っている状態とは大きく異なる。もちろん，練習を通して自分の心やクセや行動に気づけるようになると，忍耐は自然と生まれてくる。反動的に対処しながらストレスを感じているとき，忍耐はやってこない。どのような強要もしないこと，これは一日を通してできる素晴らしい練習となる。

今この瞬間どのように落ち着きと心の平穏を招き入れたらよいであろうか。

将来のいつか・どこかでの理想の状態を期待するのではなく，もう一度穏やかになろうという自らの意図を振り返ることが，この瞬間の軸となる。呼吸に気づくことから入り，困難に向かってマインドフルに対応できる自分の能力を信じることから始めたい。いらだちに気づくことが目覚めるため

の道具である。そして，一息つく選択肢があることに気づくことは一瞬のマインドフルネスである。次の瞬間の対応は，すでにそのときのストレスへの自動的な反応ではなく，マインドフルな介護の方向に向いている。ありがたいことに，どのようなときでも呼吸に注意を向けることで，再び始めることができる。

❀ 期待や願望のみにとらわれない

マインドフルネスは今この瞬間の経験に気づくことを教えてくれる。自らの注意を今に戻す訓練でもある。何回も，何回も，逸れたときに今の体験に注意を戻す。未来や過去に注意が逸れたときにこのような訓練をすることにより，次第にストレスを作り上げている状態へのとらわれが減り，新たな瞬間に心をより開くことができるようになる。家族介護者には，マインドフルネスへのさらなる障壁となる実存的な恐怖もある。進行する病気の症状悪化，愛する人が変わっていくことへの恐れ。もちろん，私たち皆変わるのだが，認知面と身体面の変化に直面し，過去の状態と現在の状況を比べてしまうというリスクもはらむ。くもった眼鏡をかけたときのように，それは今の状態に目を向ける注意をそいでしまう。そうして，絶望と悲嘆のなかにはまって，残存する可能性に目が行かない場合もある。マインドフルネス実践としての介護は，私たちの期待や願望が，いかにパートナーとの関わりや自分の意思決定に影響するかに気づく。そのような期待が今ケアをするその人のニーズを蝕み，現在の状態に見合わないような願望が害，混乱，葛藤を招くこともあるということに気づく。もちろん悲嘆と喪失に対応することは介護者へのMBDCにおいても大切な要素であり，教材にも含まれている。

❀ あること 対 すること

介護が延々と終わることのない要求に応える作業のように感じられることはよくある。そしてそのような作業は，達成感がないことが多い。しかしながら，そこにはケアが人間中心ではなく作業中心になってしまうというワナがある。多くの認知症行動は，介護者が介護する人の状態に気づくことなく，その人のペースを考慮せず，作業中心（例：食事・着替え・入浴介助）になって，ひとつの作業から次の作業へと急いで進めている場合によく起こる。自らの状態に気づくとき，相手の状態にも気づく機会が生まれ

る。自分の期待がパートナーのニーズや能力に見合わないときにも，それに気づくようになる。そうすることにより，パートナーも認識されていることを感じ，より肯定的に反応することが多いのである。多くの反抗は強要から起こる。マインドフルネスを学んだあと，多くの介護者がはじめはゆったりと動き，支援対応しようと意図していたのに，いかに自分が急いで指示し反動的に行動してしまっているかに気づき驚いた，と報告している。

✤ 対応すること 対 反動的な反応

自分とケアパートナーのどちらもが怒りいらだってしまったような経験のある介護者は多い。そのようなとき，反動的に感情的に反応してしまい，状態を悪化させてしまうことはよくある。マインドフルネス実践は，いかに短くても一息つく時間を設け，それからその場に応じた適切な行動をとるように促す。高まる緊張を静め，より望ましい方向に転換していける機会をつくる。同意しなくても，怒りいらだつ家族パートナーに慈愛をもって接することができると，それは介護者自身の内面の緊張やストレスの低減にもつながる。

✤ その人となりへの気づき

介護者は，多くの介護労働やその他の雑用に日々追われている。常にせわしく動いているとき，介護する大事なその人の情緒面，精神面，身体面の大切な変化を見落としてしまいがちである。これは認知症のために言語による意思伝達が困難になった場合は，なおさら重要な点である。マインドフルネス実践をしていると，そのような非言語的変化にも気づきやすくなる。介護では，わけのわからないような状態にも出くわすし，それも見極めていかなければならない。マインドフルネスは，相手，自分，環境のありのままの状態に気づくことで，賢明で思慮深い洞察へと導いてくれる。

✤ 環境への気づき

マインドフルネスの実践経験がまだ浅い人でも，周りの様子に気づきはじめる。それは介護を受けるケアパートナーの環境でもある。マインドフルネス実践を通して，五感から入る感覚への気づきが深まるので，その環境のストレッサー（ストレスの引き金となるもの）にも早めに気づき，必要な対応ができる。例えば，音（ラジオ・テレビ・背景の騒音など）が気分や注意力に影響することを，参加介護者はよく語る。それに気づくと，今

図3-4 MBDC参加者が焼いたクッキー。思慮深い励ましの言葉が記されている。

マインドフル,穏やか,批判しない,健康,愛…

度はケアパートナーの気分や心の充足感にも影響するのではないか,といった配慮ができるようになる。マインドフルネス実践に重要な要素のひとつに「初心に返る」というものがあるが,介護者も新たな目で置かれた環境に気づき,そこからケアパートナーの行動,その他のニーズに見合うよう,環境を調整することができる。私たちには居心地のよいBGMも,ケアパートナーには刺激が強すぎることもある。

※ その場に100%いることへの気づき

介護体験にマインドフルネス実践が含まれているとき,その学びはより深まり,瞬間瞬間の交わりも意義を増す。常識を超えた思考パターンやつじつまの合わないコミュニケーション,散漫な注意にも,いらだちを感じなくなる。相手の現在の状態(非言語を含んだ)に気づくとき,新たな関わり方がみえてくる。これはとくに,言葉による相互の意思伝達ができなくなったとき不可欠になるスキルである。

第3節 介護者の立場からみたマインドフルネス実践の基礎となる態度

マインドフルネスを練習していく基盤として役に立つ姿勢がいくつかあ

る。これらは実践をするにあたっての指針となり、また練習を積み重ねるに連れて強化されていく要素である。ちょうど３つ編み（マインドフルネスの教示・態度・実践）を編んでいくほど、そのどれもが強化されるように。そして次第にすべてが練習の貴重な機会となる。これは、マインドフルネスを身につけた介護者を見るとよくわかる。介護者としての自分と、介護を提供する相手の間の溝がなくなって、どちらもが一体になっていく。「介護者」という役割への過度な同一化に気づいたとき、それは硬さをほぐし、よりバランスのある自己の感覚へと変化できる機会となる。それは、孤立した自己ではなく、より普遍的ですべての介護者、すべての苦しむ人々とのつながりを感じる自己なのである。自己中心という焦点が減るとき、不思議にもセルフケアとマインドフルなコンパッション（慈愛）が増す。MBDCにおける基盤となる態度は、ジョン・カバットージン『マインドフルネスストレス低減法』(Kabat-Zinn, 1990) に記載されているリストをもとに作成された。批判しない、忍耐、初心、信頼、目標思考をやめて力まない、受容、努力、セルフ・コンパッション（自己への慈しみ）、の８つである。

　これらの基礎態度はたいていのマインドフルネスのプログラムに共通するものである。直接教授される場合もあれば、間接的に例を通して学ぶ場合もあろう。ここでは、このうちの３つを取り上げて、それらがどのように介護において、ケアパートナー関係にも及ぶような実践であるのかを説明したい。

1 好奇心・初心に返る

　なぜそのような行動をとるのかを理解しようとするには、好奇心は必須である。変化していく症状や新しく現れた症状の背景（頻度・一日のいつ頃・状況・気分など）に気づくうえでも好奇心は役立つ。初心に返ることを通して、いかに自分の期待や願望が、ケアパートナーへの視点をくもらせるかを調べてみることもできる。介護におけるリスクのひとつに、自分がすべてをしてしまおう、しかもよりよく、より早くしようとするものがある。マインドフルネスによって、そのような自らの傾向を検討し、より広い心で、より好奇心に満ちた（そしてユーモア精神のある）アプローチを、介護の活動やパートナー関係に導入できるのである。好奇心は瞬時の喜び

や驚嘆の可能性も生み，介護に軽やかさと驚異をもたらす方法でもある。

❷ 忍耐

すでに述べたように，忍耐は介護におけるキーポイントである。忍耐があると，日常の予期しない出来事により柔軟に対応できる。人により状況はさまざまではあるが，忍耐が困難な状況には，退屈，繰り返し，緊急，緩慢なペース，相反する現実などがあげられる。1日，1時間のあいだに，このような状態（自分の頭のなかで，またはパートナーとの関係で）すべてに直面する場合もある。マインドフルネスは，深い井戸に滋養ある新鮮な水を湛えるようなものである。必要に応じて桶（呼吸や注意）を下ろし，この水を汲む。あるときは桶の水を頭から浴びる必要があるかもしれない。また座瞑想の時間がみつかれば，それはその水のプールにゆっくりと浸かるようなものかもしれない。そのような水が必要だということに気づくのも，マインドフルな瞬間であろう。

❸ 慈愛・慈悲（コンパッション）

慈愛は，まず自らの苦しみに気づくところから始まる。マインドフルネス実践を通して，「私の」「私たちの」苦しみを超えて，苦しみの普遍的な理解へとつながる。すべての人々の苦しみに気づき，どの人も私たちと同じ願い——安全，愛，健康，幸福への願い——があることに気づく。西洋のマインドフルネス瞑想の教師で仏教心理学者でもあるジャック・コーンフィールドの著書のなかにこのような美しい言葉がある。「もしあなたの慈愛が自らを含まないのならば，それは不完全である」（Kornfield, 1994）。

MBDCでは，ネフの提唱するセルフ・コンパッション休憩も教材に含めている（Neff, 2011）。それは3つの簡単なステップから成り，どのようなストレスある瞬間にでも使用できる。各ステップがネフの語るセルフ・コンパッションの3要素（マインドフルネス・共通の人間性・優しさ）を反映している。

⑴ 今，つらい。（気づき：マインドフルネス）
⑵ 苦しみは人生の一部（私ひとりではない。他の人もこのように感じ

ることがある)(共通の人間性)。ここで手を心臓の上に置く。そして手のぬくもりと胸の上の優しいタッチを感じる。そして次の言葉を自分にささやく。

(3) 私に優しくなれますよう。(優しさ)

次に自分にこう問う。「私への優しさを感じるのに,私は今何を聞きたいのだろうか」。この瞬間,この状況で聞きたい言葉を自分に語る。例えば,

- 私に必要な慈愛を自分が与えることができますように
- ありのままの自分を受け入れることを学べますように
- 私を許せますように
- 強くなれますように
- 忍耐強くなれますように

この実践は日夜いつでもできるものであり,一番必要なときにセルフ・コンパッションの3要素を思い起こさせてくれる。

これらの練習は,ネフのウェブサイトに掲載されている (www.self-compassion.org)。

第4節 マインドフルネス認知症ケアとは何か

　MBDCは,非営利団体プレゼンス・ケア・プロジェクト (Presence Care Project) が提供している,一日の黙想会を含めて週1回計8回のプログラムである。各クラスは,とくに認知症介護における課題を念頭に置いて企画されている。各クラスは2時間で,マインドフルネス瞑想実践,講義,認知症介護実践とグループ・ディスカッションから構成されている。

▍ MBDCコースの概要

クラス1:オリエンテーション,マインドフルネス入門
クラス2:マインドフルネス実践練習開始
クラス3:ケアパートナーという介護の概念

図3-5　MBDCのクラスが始まる前。ミシガン大学植物園

クラス4：私たちの感覚に気づく
クラス5：日々のコミュニケーション
クラス6：黙想会（マインドフルネス瞑想のいろいろ）（6〜8時間）
クラス7：困難への対応
クラス8：将来に向けての実践

❷ 日々の実践への具体的な応用

　クラスでは参加者にフォーマルなマインドフルネスの練習（例：静座瞑想）を奨励している。そのような基礎を築くことによって，日々の介護生活のなかでのマインドフルネスを促していけるのである。参加者全員がそのような練習の継続をするわけではないが，どのようなささいな実践練習も意味があることを伝える。日常の介護生活のなかで実践可能な応用例をここにいくつか紹介する。

　❀　「ストップ：S. T. O. P.」の練習
　認知症の人に接する一日のなかで，自分のしなくてはならない作業リストを見たときなどに生じるストレスで圧倒されたときに試みる練習である。

文字どおり，ストップする。たとえそれが数秒であろうと，立ち止まり，ひと息つく。そして自分の内部と外部で何が起こっているかを観察する。その後，マインドフルに何をすべきかを決定する。立ち止まり，いったん横におき，再度前進し，計画する，といった流れである。ごくわずかな時間，意識的に立ち止まり，呼吸して，感覚に気づき，そして再出発する機会である。介護者は，一日を通してこの「ストップ」の練習を奨励されている。少し時間をかければ，このステップの一つひとつがよい実践練習となる。このような練習が一日の間に積み重なって大きな練習となり，それは瞬時の休息としても役立ち，セルフケアの維持にもつながる。この「ストップ」実践はインターネットでも簡単にみつけることができ，他のマインドフルネスに関する書籍にも載っている（McBee, 2008）。参加介護者は，次のような「ストップ・カード」を何枚か受け取り，自宅の目につく箇所（玄関・トイレ・冷蔵庫・コンピューター机・寝室床の横・車のダッシュボードなど）に置いておく。

ストップ
立ち止まる
息をする
いったん横におく
観察する

❋ マインドフルにともに歩く

たいていのマインドフルネスのクラスでは，マインドフル・ウォーキングを教えている。これは，呼吸感覚に気づくマインドフルネスと同様，歩く感覚に気づく練習である。インフォーマルな（日常の活動での）マインドフルネスの練習としても非常にパワフルである。多くの介護者はパートナーのペースに苦労している。動きが遅かったり，逆に速すぎたり，あちらこちら蛇行したりなど，介護者にとっては容易ではない。これは足の問題（痛み・関節炎・歩行やバランスなど）が原因であったり，他の症状（混乱・不安・焦燥感）からの場合もある。どのような歩行であれ，問題がない場合でも，たいていの場合，動きがまったく同じペースの人はいない。気づきと開いた心を用いるとき，一緒に歩くことは，ただ付き添うことでは

なく，学ぶ，ペースを合わせて落ち着く練習の機会となる。まず介護者は自分の歩行に気づく練習をする。それになじんだあと，誰か他者と歩いてみる。とても簡単なことのようだが，意味深いものがそこにはある。この練習によって，意義ある洞察を得，自分のパートナーにより適応でき，より絆と慈愛が深くなったと報告した介護者は多い。この実践は，歩くことだけにとどまらず，ともに座ること，ともに呼吸すること，ともに食事することなどにも応用できる。とくに食事は，マインドフルネスの素晴らしい練習と学びの機会である。

❀ 「出会う前に」と「整復」

　自分の思考にとらわれ，思考とともに「旅」してしまうことはよくある。そのようなとき，介護の相手の居る場所に立ち戻る必要があろう。「ケアパートナー」の介護には，それが同じ屋根の下に住む相手であろうと，他の家に住む相手であろうと，出入り口はいろいろある。このケアパートナーの相手と共有する空間への出入り時は，マインドフルネス実践のよい機会である。その部屋に入る前に，上述の「ストップ」を実践する。自らのそのときの思考，期待，願望に気づく。自らの姿勢，存在感（身体的・内的）や態度に気づく。

　「整復」はインフォーマルなマインドフルネス実践である。自らの内的姿勢に気づくことで，これから接する人への心の準備ができる。いくつかの質問を自己に投げかけてみる。「この人のことを気の毒に思っているだろうか」，「この人のため何でもしてあげないといけないと思っているだろうか」，「この人は私のことを理解できない人だと思っているだろうか」（Manteau-Rao, 2016）。このような質問は，自分の抱いている隠された推測や能力を思い起こさせてくれる。ケアパートナーとしての自分の抱いている偏見に，マインドフルネスは光をあててくれる。このような偏見が介護時の行動や応対に影響する。そのような思慮深い気づきを通して，介護パートナーがその人らしく生きる機会を与えることができるのだ。それはマインドフルに話を聴くことができる可能性を高めてくれる。その人に内在する全人格があることを思い出させてくれる。そして私たちが注意を払っていれば，その人のなかにある輝きに驚く機会が得られるかもしれない。私たち自身の輝きに驚くことだってあるかもしれない。

第5節　おわりに

　介護者としてマインドフルネスを実践する理由は数多くある。MBDC クラスのマニュアル（Manteau-Rao, 2016）から，そのうち4つを紹介する。

(1) ストレス低減と心身の健康促進
(2) 介護者としての自分の効力，自信を高める
(3) 認知症に生きる人の充足感向上
(4) 認知症に生きる人の（問題）行動の必要性を減らす

　認知症とその介護がストレスの原因となり，公衆保健上の危機になっていることはすでに広く認識されている。アルツハイマー協会などの組織は定期的にその統計を発表し，研究資金や政策の必要性を訴えている（Alzheimer's Association, 2016）。認知症ケアによる長期にわたる多様な障壁に立ち向かっている介護者の健康に関する統計の結果は，全体的にみて暗いものである。その障壁には，介護期間の長さ，障害の併存，集約度の高さ，予測不可能性，悲嘆，介護者の準備不足，具体的な問題点などが含まれる（Manteau-Rao, 2016）。このような，圧倒される多くの障壁を乗り越えようとするうえで，介護の領域における MBDC などのマインドフルネス実践が示唆する可能性は明らかである。
　介護者が変容するための情報学習プログラムの存在を，介護者に知ってもらいたい。ありがたいことに，そのような質の高い奥深い介護と認知症に関する情報を提供してくれる組織はすでに数多く存在している。しかし，残念ながら，介護者が自らの心身の健康，ストレス耐性を研修できる場は，マインドフルネスのトレーニングを含めて，非常に限られている。この本の出版を含めて，少しでも世界の人々の間の絆が深められたら，と願う次第である。
　現在，アメリカで子育てと学校教育（小学校〜高校）において，マインドフルネス実践のブームが起こっていることは，特筆すべきであろう。この概念ははじめ，ジョン・カバットージンと妻マイラによる共著『日々の恵み――マインドフル子育ての内面ワーク』（Kabat-Zinn & Kabat-Zinn, 1998）の

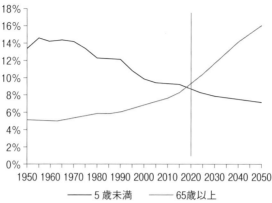

図 3-6 　世界人口に占める幼児と高齢者の割合
（1950〜2050）（United Nations, 2013）

なかで示された。現在のブームのなかで，多くの子どもたちがマインドフルネスに触れた。10年後，20年後，30年後に，成人した彼らの生活，ひいては家族介護にどのように生かされていくかは興味深いところである。アメリカ合衆国での人口統計によると2015年には，史上初めて5歳未満と65歳以上の人口数が逆転した（He et al., 2015）。世界人口においても同様の傾向が推定されている（図3-6）。介護を担う若年層の方が介護の必要な層よりも少なくなる。このギャップは年々広がっていくと推測される。2050年には地球上の65歳以上の人口は全体の15.6%となり，5歳未満の人口の2倍となる。家族介護者および専門介護職の健康とトレーニングは，世界的にもこれからの多くの世代に影響をもたらす非常に重要なものとなろう。

　介護するケアパートナーとともにマインドフルネス実践をするとき，新たな学びが生まれる。その瞬間をともにする新しい生き方を見出していく。笑い，テンポを緩め，ほんのささいなことにも絆や感謝を見出していく。新たな経験，自己表現や自発的な発露の機会を見出していく。絆の相乗効果から叡智が生まれ，ケアパートナーである高齢者から言語を超えた学びの機会を得る。そして，表現したい言葉がみつからないときは，世界中の詩から言葉をみつける。介護者のクラスでよく引用する『介護者の道徳経』所収の詩をもって，この章を閉じたい。この詩は，マインドフルネス実践のエッセンスを語っており，すべての介護者への優しい語りかけでもある。

解き放つ (Let Go: William & William, 2011)

大切な人のケアを私の思惑ですることと私の行動ですることは
2つの相違するプロセスである。
前者は，頭のなかに湧いたもの，そして混乱をしばし招く。
後者は，直接の体験
頭のなかの呟きから解き放たれたもの，そして明晰な状態へと導く。

役に立ちたいと考える心は，
でもどのようにしたらいいのか，わからない。
欲することを解き放った心は，何をしたらいいかを知っている
どちらの心も，私たちのなかにある。
その両方と共存することで，介護の秘密の扉は開かれる。

他の人との存在において，自らと静かに在ること
それができたら
次に何をしたらいいのかがわかる。
必要なものはそれだけ。

第4章

高齢者へのマインドフルネスに基づく許しのグループ療法の理論と背景

フォーク阿部まり子

第1節 はじめに

　高齢者のカウンセリングに長年携わってきた筆者は，波乱万丈の人生をけなげに勇敢に生きてきた数多くの人々に出会った。そこには，無数の独自でかけがえのないストーリーがあった。70年以上前の第二次大戦でのつらい出来事。子ども時代の貧困のなか，親や周りの大人がわかってくれなくて冷たい仕打ちにあったこと。若いとき，舅や姑，配偶者に理解してもらえないなか，ひたすら耐えたこと。そして，高齢者になってからも，心を引き裂かれるような出来事，例えば苦労して育てた子どもに自殺され取り残されてしまうことなどを経験する。

　大きな歴史の渦のなかで，また小さな家庭の壁のなかで，ひそかに傷ついてきた人は多い。なかには自分を許せなく，どうしたらよいのかと身を持て余している人もいる。そんな人々が今，人生の終盤を迎えようとしながら，心のなかで，その傷ついた気持ちや憤り，悔いを引きずっていることは少なくない。「こんなこと今さら」「乗り越えるべきなのに」と自分を責めたり，恥じたり，いらだたしく思ったりすることさえある。

　少しでも，そんな人々が心穏やかに人生の終わりを迎えることができたなら，という単純な，しかし熱い願いから，筆者はこの「許し」のグループ作成の準備にとりかかった。当時すでに，マインドフルネス認知療法（MBCT）を数年実施しており，マインドフルネスの威力に感銘を受けてい

た。そこで，このアプローチを基本に新しい許しのグループ療法ができないものかと，既存の「許し」に関する心理療法や研究論文を探った。また「許し」や「セルフ・コンパッション」の著名な専門家によるワークショップにも出席した。今回ここで紹介するマインドフルネスに基づく許し（Mindfulness-Based Forgiveness: MBF）のグループは，そんな筆者の学びのパッチワークからの試みである。

1 「許し」とは

　人から攻撃されたり，いじめられたり，不当な行為をされたとき，私たちは，深く傷つくと同時に，自然と怒りや，やるせなさ，猜疑心，恐怖などに陥る。もう傷つきたくないという気持ちから，自己防衛の壁を高く築き，そのなかに孤立する場合もあろう。また「こんなひどい仕打ちがあるものか！」と憤慨し，自分がどんなに苦しめられたかを相手に思い知らせようと，仕返しを考えたり，試みたりすることもあろう。年を重ねるにつれ，そんな恨みが募る場合もあれば，心の奥深くに鍵をかけてしまいこんだり，置き去られて埃をかぶっている場合もあるかもしれない。また「自分が至らなくて，こうなってしまったのではないか」と自分を責めたり，恥じらったりする場合もある。そんななかで，果たして相手の言動を許すことができるのだろうか。許す必要があるのだろうか。このような疑問は，古今東西，哲学，文学や芸術で取り上げられてきた。そして世界の多くの宗教が許しと慈愛の徳を説いている。

　ひどい行為をした相手を許したら，その行為を肯定することにならないだろうか。「許す」なんて告げたら，相手はたいしたことなかったのだと思い，また同じようなことを繰り返し，自分を傷つけるのではないか。周囲は，自分のことを何の信条も根性もない人間だと思うのではないか。加害者はそんな寛大な許しに値する人間ではない。このように，許すべきではない理由が次々と思い浮かんでも不思議ではない。

　不当な行為の犠牲者として，そんな加害者を許す必要はない，というのは妥当な考えである。相手はそのような激怒や恨みを招くような言動をしたのだから。許さないことも，許すことも，自らに与えられた選択肢であろう。

ところが，加害者を許せず，「なんてひどい奴」「あんなことがなかったら，もっと幸せになっていたのに」「私の人生を台無しにしてくれた」と，いろいろな怒りやつらみの思考や感情の"木切れ"を，その憤りややるせなさの"炎"にくべて，燃え上がらせたところで，受けた傷は果たして癒されるであろうか。それどころか，過去の悲劇が，現在の自分の手かせ，足かせになっていることもあるのではないか。

　「許し」とは何であろう。定義はいろいろある。許しの研究の第一人者であるエンライト（Enright et al., 1998）は「許しとはプロセスである」と前置きしたうえで，次のように説明する。「自分を傷つけた人への恨み，憤り，厳しい批判や微妙な復讐を，自分自身の自由意志選択によって，あきらめること。そして，その相手はそれに値しないものの，その相手へ慈愛，優しさ，寛容な態度で接しようと努力すること」。

　また，在米マインドフルネス仏教教師で心理学者でもあるコーンフィールド（Kornfield, 2002）は，「許しは，過去の苦しみや裏切りを解き放し，背負ってきた痛みや憎しみの重荷から自由になること」と述べる。

　「許しのプロジェクト」をスタンフォード大学で立ち上げたラスキン（Luskin, 2002）は，その著書で許しを次のように説明している。許しの作業は自分の（癒しの）ためであり，加害者のためではない。そしてそれは，ひとつの選択肢であり，誰しも学ぶことができるスキルである。そして，このプロセスを経て，自分の感情を統御する力を取り戻し，「犠牲者」から「勇者」へと変容することである。

　許しとは，相手のひどい言動や自らの傷ついた体験を，「あれはたいしたことなかった」と軽視したり無視したりすることではない。また，その「言い訳」をすることでもない。ましてや，それを「忘れようとする」ことでは決してない。怒り，妬みをもつことで長期的に傷つくのは，加害者ではなく自分である，ということに気づくこと。それは，「目には目を」という怒りから自分を自由にすることなのである。

　どんなときに人は，許せた，と感じるのであろうか。許しとは，不当に扱われたことに対して怒る（自分の）権利を解き放ったときに体験する安らぎである。また，それは，自分の傷ついた感情を，他者のせいにするのではなく，自らの感情と思考と行動に責任をもち，自己統御の力を取り戻し

たときに得られる、静かな自信でもある。まさに、「犠牲者」をやめて「勇者」になるのを、許しは可能にしてくれる。自分を苦しみから解放し、癒しへとつなげていく、自らが選択する心の作業である。

2000年以上も前のヒンズー教の経典『バガヴァッド・ギータ』には、こう書かれている。「もし、勇敢な人を見たいならば、許すことのできた人を見るがいい」。南アフリカの故ネルソン・マンデラ氏は、27年の牢獄生活を振り返って、こう述べたという。「自由へ向かって（刑務所の）扉を出るとき、怒り、憎しみ、苦々しさを（扉の中側に）置き去っていかなければ、（出たあとも、心は）まだ牢獄に閉じ込められたままだということに気づいた」。

「許しとは、過去がもっとよかったらいいのに、という希望のすべてを、あきらめること」(Kornfield, 2002) でもある。

❷ なぜ許しが心身の健康に役立つか

いかに許しが健康に役立つかは、さまざまな研究成果を通して、かなりわかってきている。ここにそのいくつかを紹介したい。許すことのできた人たちは、そうでない人たちと比較して、心血管機能がより健康であり (Sarinopoulos, 2000; Friedberg et al., 2009)、免疫力もより優れていた (Seybold et al., 2001)。その反面、他者を頻繁に非難する傾向のある人たちは、より多くの病気になるリスクが高いという報告がある (Tennen et al., 2000)。また疾患をすでに抱えている人々の間でも、許しが、心臓病や脊髄損傷を含めたさまざまな身体疾患に、より好ましい結果をもたらすのに貢献していたという報告もある (Friedberg et al., 2009; Waltman et al., 2009; Webb et al., 2010)。慢性疼痛のリスクを低減するのではないかという研究も発表されている (Carson et al., 2005; Rippentrop et al., 2005)。

許しの及ぼす精神的健康への効果も数多くの研究から明らかになっている。とくにうつ症状との関連は実証されている (Krause & Ellison, 2003; Tse & Yip, 2009など)。また不安軽減の効果も報告されている (Coyle & Enright, 1997)。高齢期のうつと許しの研究では、自分が過去に犯した過ちにとどまらず、するべきだったのにしなかったこと（例：親が自分を必要としていたとき不在だった）などへの気持ちが未解決のまま心のなかにしまわれ、そ

れが高齢期になり人生を振り返るとき，再度表面化して，反すう思考やうつへと追い込むという結果も出ている（Ingersoll-Dayton & Krause, 2005）。

　許しが，心理面の健康／充足感（ウェルビーイング）と相関が高いという研究報告も多数ある。怒りや憎しみで固く閉ざされていた心が，許しの作業によってその重い閂（かんぬき）を解かれ，開かれる。そして，新たに人生の素晴らしい側面（美しさ・優しさ・勇気・かけがえのない命など）に気づき，それを味わう体験が増す。そのような過程で，感謝や畏敬，驚嘆が自然と生まれ，人生への充足感が増し幸福感が高まる（Krause & Ellison, 2003; Maltby et al., 2005; Toussaint et al., 2001）。自己イメージや自己統制力の向上も報告されている（Webb, 2007）。そして，他者への憤りなどの否定的感情が減ることで，当人のもつ社会的サポートが高まるという影響も出ている（Worthington & Schere, 2004）。また許しの作業は，スピリチュアルな面の向上にもつながる（McCullough & Worthington, 1999）。スピリチュアリティのレベルが高い生活をしている人たちは，より健康的で長寿であり（George et al., 2000; Toussant et al., 2012），喪失や病気に対してより適応できるという報告もある（Luskin, 2000）。したがって，許しがそのようなスピリチュアルな面の向上につながるということは，健康の向上，病気や障害への適応力の向上にも寄与していることになろう。

　以上の研究結果によれば，許しは心身に好影響をもたらすものである。そして，自分の病気や困難な状態への対処能力が向上し，自らの人生や自分への見方も改善する。それは，波紋のように，周りの人々とのよりよい人間関係へと広がっていく。許しを通して，心の奥底に縛られていた，その人のもつかけがえのない資質が日の目を見，発揮されていくのであろう。

③ なぜ高齢者対象か

　人生の終盤を迎えても，いまだ過去の不当な仕打ちへの憤りから解放されず，受けた傷が癒されていないのは，何ともつらいことである。それはまた，この貴重な命，この瞬間，瞬間を大切に生きることを妨げてしまう。許せないこととうつ症状の関連をみても，これは明らかである。高齢期，すなわち身体疾患や障害の多い時期に，許すことの学びによってもたらされる健康面のプラスは，上記のとおり多岐にわたる。順調な加齢にとって，

許しが大切な要素であるとの示唆が数多くある（Romeo & Mitchell, 2008; Silton et al., 2013; Vaillant, 2002）。また，許しの及ぼす精神面の健康改善は，若年層よりも高齢者において顕著であることも報告されている（Allemand, 2008; Toussaint et al., 2001）。さらに，他の年齢層よりも高齢者において，許そうというモチベーションが高いとの研究報告もある（Allemand, 2008; Cheng & Yim, 2008; Ghaemmaghami et al., 2011）。

このように許そうという意欲が高く，心身への効果も顕著に現れる高齢者層は，人生の最終段階の自我の統合という発達課題のニーズからも，許しの心理療法の対象者として適しているのではないか。それに，許しのセラピーは薬物を用いない介入であるから，多くの薬を服薬している高齢者にとって副作用や相互作用の心配がないのも利点である。

第2節 許しのメカニズムとこれまでの許しのグループ心理療法の研究

「許せない」メカニズムをまずみておきたい。認知面（思考面）では，「不当に扱われた」との認識と，それに伴う「相手は復讐に値する」という認識がある。情緒面では，期待していたことが得られなかった，奪われたことへの失望，悲嘆，憤り，恨み，妬み，そして恐怖などがあげられよう。

許しのメカニズムは，まずより大きな視点からその状況をみようとすることで，上記の認知面の修正をはかる。次に，情緒面において，その新たな認識をもとに，相手への共感，慈悲を育むことで，自らを苦しめている感情を弱め，そこから自分を解放するように働きかける。

許しに関する研究は1990年代から本格的に始まり，2000年代になるとその数も増えるとともに，ポジティブ心理学の流れも影響して許しのもつポジティブな側面の研究も盛んになった。ここでは，臨床的グループ介入の試みに関する研究を取り上げ，主なアプローチを紹介したい。

1 エンライトによるプロセス・モデル

1990年代に開発され，許しの心理的介入モデルのパイオニアといえよう。その後の多くのモデルに影響を与えたこのモデルでは，許しを，加害者に

対する①思考（認知），②感情，③行動の変容をもたらすプロセスとし，次の4段階を経るとした（Enright, 2001）。

(1) 覆いをとって，実態を明らかにする段階：心の奥底にしまわれていた自らの怒り，心の傷，恨みなどを探り，表現していく。
(2) 決断の段階：許しの作業をしようという決断，コミットメント（しようと決めること）をする。
(3) 作業段階：加害者を理解しようとする，および加害者への慈悲をもたらそうとする作業。
(4) より深める段階：加害者への許しとともに，自らの視点を修正していく。そして怒り，心傷，恨みなどから自身を解き放つ。まずひとりの相手を選び，その相手への許しの作業をする。その後，他の人々へと広げていく。また，インストラクターはさまざまな質問項目を準備し，それらの質問を投げて，参加者が自らを振り返っていく一助とする。そして，振り返りをノートにつづってもらう。

このモデルは，さまざまな対象グループの許しに応用され，アルコールや薬物の依存者から近親相姦犠牲者までの多様なグループにおいて有用性が示されている（Wade et al., 2014）。高齢者対象グループ療法として行った研究では，うつ症状と加害者および他者一般への許しの改善がみられた（Ingersoll-Dayton et al., 2009）。

❷ ワージントンによって開発されたREACHモデル

次のような5段階（R・E・A・C・H）を経て，許しが得られるとする（Worthington, 2001）。①傷ついた行為を思い出す（R: Recall）。②そんな行為に至った要因を理解し，共感をもつ（E: Empathy）。③自分が人を傷つけたが許された，そのときの気持ちを思い浮かべ，感謝と謙虚な気持ちを抱く。許しという他者から受けた愛の賜物に目覚める（A: Altruistic gift）。④そして許すというコミットメントを公言する（C: Commit）。⑤最後にそのような許しへ至った状態の継続をはかる（H: Holding）。

3 心理教育的および体験学習アプローチ

このアプローチの主なものに，ラスキンによって開発されたモデルがある。これは，認知療法的介入，瞑想，イメージ瞑想およびリラクゼーションを取り入れている（Harris et al., 2006; Luskin, 1998; Rainey et al., 2012）。

ラスキンによる許しのモデル（Luskin, 2002）をここに要約する。まず，後々まで引きずる心の傷や苦情には次の3要素があるとする。①個人的攻撃を誇張したかたちで受け止める。②自分の気持ちを加害者の責任とする。③苦情ストーリー（grievance story）の構築。そして，このような苦情ストーリーをつちかい，強固なものとしていき，心の傷の癒しを妨げる。このモデルでは，上記のエンライトのものと同様に，より広い視野からその状況をみて，自らの認知を変えていく。そして，加害者への慈悲を育て，自分の執念を解放し，焦点を自分の人生の価値，ニーズ，ケアへと移行していく。プログラムの理論的基盤はエンライトとの共通点が多い。ラスキンの貢献はその方法論ではないかと考える。すなわち，瞑想やイメージなどの体験学習アプローチである。

このラスキンによるモデルとMBCTを合流させたグループ療法が，筆者の試みである。

その他，キリスト教の聖書に出てくる語彙や概念を使用した宗教的モデルもあるが主流ではない（Wade & Worthington, 2005）。

第3節 許しのプロセスにおけるマインドフルネスとセルフ・コンパッション

1 マインドフルネス

筆者は，マインドフルネスの養成によって多くの収穫を得てきた。カウンセリングや自らの実践体験を通して得られた知見をここに要約したい。まず，注意力が増す。物事や心の状態により気づくようになる。その気づき方は，批判や評価を下すものではなく，優しく受容的な気づきである。そんな気づきを通して，自分の気持ちが，今この瞬間の体験と，過去の記

憶のどちらから来ているのかを見分けることができるようになる。つらい過去を背負っている人間にとって，この点はとても大切である。過去を無視するのではなく，過去には過去として接することが大事なのである。今この瞬間，攻撃したり逃避したりといったサバイバル機能を必要とする危険な状況にいるのではなく，そんな習慣的反応以外にも反応の選択肢があることを，マインドフルネスは思い出させてくれる。そんな気づきを通して，参加者は，自らの否定的思考は，必ずしも自分や周りの状況を正確に反映しているとは限らないという洞察を得る。第1章で説明した「脱中心」的接し方である。このような接し方は，過去の被害・傷を，バランスをもって，より広い視野のなかでみるうえで，とても大切である。

　このような特性をもつマインドフルネスは許しの作業にも役立つのではないか，と考えられた。そこで，このMBFグループにもMBCTと類似の構成を用いて，参加者のマインドフルネスの養成を取り入れた。

❷ セルフ・コンパッション

　セルフ・コンパッションには3つの要素がある（Neff, 2011）。①自らへのいたわり・優しさ（kindness），②共通の人間性（common humanity），③マインドフルネス。以下に詳細を説明する。

❀ 自らへのいたわり・優しさ

　自らを批判することなく，優しく，ありのままを理解する。苦しんでいる人（自分）をみて，その苦しみを取り除いてあげたい，楽にしてあげたい，といういたわりの気持ちを抱き，そしていたわりの行為へと導く。このように言葉で説明するのは簡単だが，いざそれを実行するとなると，非常に難しい。他人には親切に優しくできても，自分にその同じ優しさを向けることができない人は多い。

　例をあげたい。自分が何か失敗した経験を思い出してみよう。他者と比べて自分の不完全さを厳しく批判し，いらだち，自分をけなす。「ダメな奴」と嘆き，落ち込んでしまうといった経験をもつ人も多いのではないだろうか。そんなとき，その状況と自分の不完全なところを，謙虚に優しく理解し，自らの肩をそっと包んであげることのできる人は，どのくらいいるであろうか。そんなことをしたら，かえって自分を甘やかしてしまってよくな

いと信じている人も多いのではないか。自分に厳しくあることが，理想の姿であり，美徳であるという文化的・社会的な価値観もあろう。セルフ・コンパッションの考えは，まだあまり広くは受け入れられていないのが現状である。

しかし，自分を優しくねぎらうとき，慈愛のホルモン，オキシトーシンが分泌される。哺乳類の母親が子どものケアをするときに分泌されるホルモンである。これとは逆に，批判されたとき起こる身体状況をみてみよう。「危険である」と脳が感知し，ストレスホルモンが分泌され，戦うか逃げるかを最大限できるよう体を準備する。このメカニズムは太古の昔から，サバイバルのために我々の脳に備わっているものである。洞窟で野獣に襲われるでもない現代の精神的「危険」状況では，その結果，さまざまな健康面の弊害（高血圧・心臓病など）が起こり，心の不安定も助長されやすくなる。慈愛のホルモンでは，そんな状態とは逆の変化が起こる。母熊に抱かれた子熊のように，ケアされていることを知り，緊張感はほぐれ，安心する。

過去の不当な行為に傷ついたとき，怒りや空しさ，恥じらい，そして恨みや妬みなど，つらい感情が湧いたとき，それにどう反応するかで，そのような感情から受ける自らへの影響は大きく異なる。ストレスホルモンをより分泌してしまうような反応もできれば，母熊が子熊に接するようにケアと愛情をもって自分に接することもできる。傷心を癒しへと導くことができるような自らの能力を養えたとき，「許し」はいっそう深まると筆者は思う。

❋ 共通の人間性

対義語は「孤立した個」である。共通の人間性とは，自分の経験をより大きな視点からみるときに得られる洞察である。自らの苦しみを通して多くの人たちの苦しみに触れたとき，これは私だけではない，人生にはあってほしくないことも起こる，人間は不完全なもの，ということがみえてくる。それが慈愛深い理解へとつながっていく。自分の子どもの命を飲酒運転者に奪われたとき，他の同じような悲劇にあった親たちの悲嘆に触れ，その苦しみを分かち合って，同じような悲劇が少しでも繰り返されないようにと，NPO団体 MADD（Mothers Against Drunken Driving：飲酒運転に反対する母親たち）が創立された。全米で飲酒運転予防に関する大きな業

績をあげている。

　筆者の好きな「辛子種」という逸話がある。ある若い女性が死んだ赤子を抱きながら，悲嘆に身の置き所もなく，どうにかしてこの子を生き返らせたいとブッダのところに助けを求めに来た。ブッダは，その願いを聞き入れ，でもその前に，まだ「死」に出会っていない家を見つけて，そこから辛子種（当時どの家にもあったもの）を一粒もらってくるように，と指示した。嘆きの母はその村の家々をつぶさに回ったが，どの家も死から免れた家はなかった。彼女は，多くの人々の喪失に触れ，自分の悲嘆をそのうえに重ねて，これは人生の一部であるということを悟ったという。

❀　マインドフルネス

　慈愛の手をさしのべる前に，今この瞬間つらい思いをしている，ということに気づくことは不可欠である。つらさから逃げたり，それを無視するのではなく，それと向き合い，ありのままをみること。今あるこの状態を，誇張も軽視もせず，批判することなく優しく気づくマインドフルネスは，セルフ・コンパッションに至る重要な要素である。

　セルフ・コンパッションを養うことで，「許し」のプロセスは，少し楽になるように思われる。「自分へのいたわりと優しさ」の項で述べたように，加害者から受けた心の傷を自分で癒すことのできる能力を身につけ，そして，上記の「共通の人間性」に気づくことができるからである。自分や他人を，すべて自分でコントロールできる完全に自立した個としてみると，その人の非は故意の落ち度であると考えて全責任を負わせてしまう。けれども，どんな人も互いに影響しあって生きてきた人間なのだと気づくと，そんな独善的な非難の仕方を躊躇するようになる。どんな加害者も，その親や家族，地域，文化に影響され，またその時々の状況にも左右されてきた。それを思うと，ほのかな慈悲の気持ちが湧いてくる読者もいるかもしれない。ここに，過去40年近く，無実の死刑囚の弁護をしてきたアメリカNPO団体 Equal Justice Initiative の創始者であり，筆者も尊敬するスティーブンソンの言葉を引用をしたい。この引用文は筆者の許しのグループの第1セッションで朗読し，配布物にも入れている。

　　　私たちは皆何かに壊され，誰かを傷つけ，また傷つけられてきた。

その壊れた状況は，それぞれに違いはあるものの，共通のものだ。
　壊れてしまうこと，それが人間。皆，それぞれの理由はあろう。時には，自分の選択が原因で壊れる。時には，自分で選んだわけではないのに，粉々に壊れることもある。でもそんな風に壊れることが，私たちに，共通の人間性の源を示してくれる。共通の壊れやすさと不完全さが，私たちの慈悲の容量をより深くし，それを維持してくれる。
　私たちには，選択肢がある。このような人間性を抱擁する，すなわち私たちの壊れた状態と，癒しへの一番の希望となる慈悲を抱擁すること。または，自らの壊れた部分を否定し，慈悲を捨て，その結果，人間性も否定する，そんな選択肢も私たちにはある。
　私たちの壊れた状態を理解したとき，そこには強さ，さらにある能力さえも生まれる。というのも，壊れた状態を抱擁するとき，慈悲が必要になり，またそうしたいと願うようになる。そして，慈悲を体験したとき，それまでは学べなかったことが学べ，見えなかったものが見えてくる，聞こえなかったものが聞こえてくる。私たち一人ひとりのなかに埋もれている人間性に気づきはじめるのである。

(Stevenson, 2014, p. 289)

第4節 マインドフルネスに基づく許しのグループ療法の有効性——筆者の予備研究から[*6]

1 背景

　この臨床研究は，2013年から2015年までに筆者がインストラクターとして実施した，3つの高齢者対象MBFグループへの参加者計28人を対象としたものである。実施前後および終了後3カ月の時点で，数種の標準化された評価尺度に記載してもらい，その評価を測定して，介入後の変化，お

[*6] 本節は，筆者がアメリカ老年学会（2015）で発表した内容に加筆・修正を施したものである。

よび 3 カ月後の変化の分析を試みた。また参加者個人の事例を通して，質的分析も行った。ここでは，この研究モデルの限界を考慮したうえでのMBFグループ療法の有効性を検討する。

このグループ療法の実施環境やその他の背景はMBCTと同様なので，ここでは省く。詳しくは第2章を参考にされたい。

2　対象者のプロフィール

この臨床研究の対象となった参加者は計28名，平均年齢71.4歳（57〜90歳），性別は男性9名，女性19名であった。精神疾患診断名は，うつ病（$N=18$），不安症（$N=2$），不安症を伴ったうつ病（$N=8$）であった。ほぼ全員が，専門家の依頼ではなく，自主的に参加を希望した。

3　評価の方法

使用した評価尺度は下記のとおりである。3領域を測定した。すべての尺度は標準化されたもので，その有用性は実証されている。

❀　マインドフルネスとセルフ・コンパッションの領域

2つの尺度を使った。①「自分へのいたわり」（質問例：「私の性格の嫌いな部分にも，理解と忍耐をもって接しようとしている」），②「自己批判」（質問例：「自分の欠点や至らない点に批判的である」）。この2つの尺度はセルフ・コンパッション短縮版（Self Compassion Short Form：ネフによる同名の尺度の縮小版）からの抜粋であり，元来のより長い尺度と比べて相関性と内部信頼性が十分高いことが示されている（Raes et al., 2011）。

❀　許しの領域

エンライトらによって開発された「許しの尺度」（Forgiveness Scale Inventory）を使用した。「認知面」尺度の質問例は「加害者のことを尊敬に値すると思う」（肯定的），「加害者のことを恐ろしくて嫌な奴だと思う」（否定的）。「情緒面」尺度の質問例は「加害者に対して温かい気持ちを感じる」（肯定的），「加害者に対して苦々しく感じる」（否定的）。そして「行動面」尺度の質問例としては「私は，加害者に友情を示す」（肯定的），「私は，加害者を避ける」（否定的）があげられる（Enright & Rique, 2004）。

精神保健面の領域

2つの尺度が使われた。①「老年うつ尺度」(Geriatric Depression Scale: GDS-15; Yesavage et al., 1983) は，高齢者専用のうつスクリーニングとして広く活用されている。②不安障害の測定には，関節炎に影響を与える尺度から「不安症尺度」が用いられた (Anxiety Scale in Arthritis Impact Measurement Scale; McDowell et al., 1987; Meenan, et al., 1982)。

グループ終了時の参加者の評価

最終の第8セッションで参加者に配る質問用紙に，参加者が自らの許しにとって，MBFをどの程度重要であると感じているかを0（まったく重要でない）から10（非常に重要）で点数化してもらう。またマインドフルネスが許しの作業に重要であったかも評価してもらう。そして，なぜこれらの評価をしたのかを自由記述で説明してもらう。

4 研究結果

高齢者への適性

MBFが高齢者に適しているかどうかを2つの基準から検討した。十分な参加者が集まったか，そして中断する人々がどの程度いたか，である。この3グループでは，一貫して8～10人（上限は10人）の参加者を集めることができた。当初参加した28人のうち，全員が最後まで完了した（100％）。またこの研究期間中，MBFからの悪影響を訴えた参加者は皆無であった。これらの理由から，このグループは高齢者に十分適する介入モデルであるといえよう。

評価尺度の結果

多くの有意な改善が認められたが，全体として顕著な点は，許しの領域の大幅な改善であった。参加者が選んだ（自分も含めた）特定の相手への許しは，「認知面」（$p=0.017$），「情緒面」（$p<0.001$），「行動面」（$p=0.034$）のすべてにおいて，有意な改善がみられた。しかも，これらの改善は3カ月後もほぼ持続していた。これは非常に望ましい結果といえよう。「マインドフルネスとセルフ・コンパッション」の領域では，「自己批判」の改善は介入直後はさして大きな変化はみられなかったが，3カ月後は有意な改善をみた（$p=0.048$）。「自らへのいたわり」は介入直後のみ有意な

改善がみられた（$p=0.003$）。「精神保健」の領域での改善としては，うつ（$p<0.001$）と不安症状（$p=0.012$）ともに，介入直後における有意な改善が認められた。しかし，3カ月後の持続はみられなかった。

　これらの予備研究の結果は，この介入アプローチが非常に期待できる療法であることを示している。すなわち，この療法のあと，参加者は各側面での許しが増し，「自己批判」が減り，これらの改善は3カ月後も持続されていた。「うつ」「不安」「自らへのいたわり」に関しては，介入直後の改善のみ有意な変化がみられた。ただし，この研究はあくまでも臨床研究であり，コントロール群を設けていないので，改善の因果関係を指摘することはできない。それは，今後の研究に期待したい。

❀　グループ終了時の参加者の評価結果

　2つの質問に対する参加者の回答を以下に示す。

　「あなたにとってMBFは，自分の許しにとってどのくらい大切だと思いますか」という質問への回答は，0（全くなし）～10（最も重要）のうち，平均値9.1（回答範囲5～10）であった。すなわち，ほぼ全員がこのグループ療法を自分の許しの過程でとても重要であったと認識していた。

　「マインドフルネスは許しの作業をするうえで役に立ちましたか」（YesかNoのどちらかに丸をつける）に対しては，ひとりを除いて全員がマインドフルネスが役立ったと答えた。

　なぜこのような評価をしたのかという参加者の生の声は，事例とともに第5章で紹介したい。

5　グループの効力

　MBCTグループの効力は第2章で述べたとおりであるが，MBFにおいてもグループの有効性は高かった。瞑想練習に関しては，このグループ療法の参加者たちも，他の参加者と一緒にすることが支えと励みになったと語っている。許しの作業に関しては，とくにグループの効力は顕著に現れた。というのも，このグループでは毎回，宿題のひとつに許したい過去の心傷や行為に関する振り返りの作業があり，それを次回，他の参加者と分かち合うかたちをとっている。その際，多くの参加者が，他の参加者やインストラクターの批判しない優しさや思慮深さに触れて心動かされるのを，

筆者は目のあたりにしてきた。「私も人間，それぞれに重荷を背負い，でも精一杯生きている同じ人間」という共通の人間性を感じることが，許しの作業において大切であることを考えると，グループというセッティングの重要性は十分に納得できよう。次の2人の参加者の生の声（グループ終了時に書いた感想から）がグループの効力を雄弁に語っている。

- 「このグループで私は，それぞれに異なったパーソナリティと異なった対処の仕方（困難への）をする他の参加者に接し，私も今までとは異なった見方を試みるようになった。1対1のほうが気楽で好きだった私だが，このグループに参加して，ひとりでは得られない，より多くを学んだと思う」（63歳 女性）
- 「グループの素晴らしさは，私がひとりぼっちではないことを知ったこと。他の人たちの状況を聞くことで，閉ざされていた心が開かれた」（67歳 女性）

なお，本章執筆後に5つのMBFグループを対象とした臨床研究の報告が発表されたので，興味のある読者は参照されたい（Foulk et al., 2017）。これは，この章で紹介された3グループに2グループの研究結果が追加された報告である。若干異なるものの，ほぼ同様な改善結果がみられている。さらに，新たにみられた有意な改善項目として，「過剰な自己同一化」（over-identification）の軽減があげられている。

第5章

高齢者へのマインドフルネスに基づく許しのグループ療法の実際

―――― フォーク阿部まり子

第1節　グループを開始するまで

 参加者を募る

　マインドフルネスに基づく許し（MBF）のグループの参加者募集については，第2章で述べたマインドフルネス認知療法（MBCT）グループの参加者とほぼ同様であるので，そちらを読んでいただきたい。

　この2つのグループの違いは人数であり，MBCTグループ参加者の上限は12人，MBFは10人であった。MBFグループでは，過去の許せない行為や心の傷へのさまざまな振り返りの作業が毎回宿題として出され，その分かち合いを翌回にするので，人数が多いと時間が足りなくなる恐れがあるためだった。他方，参加者が中断する可能性も考慮に入れると，グループが効果的であるためには最低7人くらいから始めるのが賢明と考える。

　筆者がこの許しのグループを始めた頃には，地域での「マインドフルネス」への関心も，MBCTグループ開始当初より高かったので，募集にはあまり苦労しなかった。「許しのグループ」（マインドフルネスに基づいたものではない）は，15年ほど前に2回実施されたことがあったが，それ以来初めてであった。そのためか，反響は大きく，定員10人が労なく集まった。待機リストをつくることもあった。

　MBCTの場合と異なり，このグループはほぼ全員が自主的に申し込んだ

参加者であり，他者（専門職）からの依頼はほとんどなかった。MBCT 同様，大学病院の老年医学センター，精神科，ソーシャルワーク部門の職員全員へのメールも送っていたが，電話で問い合わせてきた人々は皆，クリニックのロビーやカウンセリングルームに置かれたチラシ，シニアセンターで配られたパンフレットを見たり，友人から聞いたりして存在を知った，とのことであった。その他，MBCT の過去の参加者も数人いた。

❷ 参加者を決めるにあたってのアセスメント

面接日時を予約したあと，以下の 3 つの質問が書かれた用紙を参加者に郵送またはメールで送った。そこに思いついたことを記載してもらい，面接日に持参するよう指示した。

(1) あなたにとっての「許し」の意味合い
(2) 誰を許したいか
(3) このグループに参加するにあたっての心配事

面接時には，上記の用紙に書かれたことについて話してもらう。「許し」をどう受け止めているかを聞き，この許しのグループの目的とする「許し」は何かの説明をし，共通の理解をはかる。許したい相手が複数いる場合や自分自身のこともある。とりあえずひとりを選ぶほうが作業をしやすいこと，しかし，得られたスキルは他者に応用できることを伝える。

次に，臨床アセスメントをする。

現在の精神状態のアセスメントに加え，過去のうつや不安症などの病歴や治療歴も尋ねる。現在うつや不安症を経験している場合は，その症状を詳しく聞き，一回 2 時間半のセッションおよび宿題を含めたこの 8 週間のワークをするための体力や精神力があるかを評価する。必要に応じて自殺アセスメントや老年うつ尺度（GDS）やミニメンタルステート検査（MMSE）も行うが，筆者の今までの経験では，その当時かなり落ち込んでいる人や認知障害のある人の参加希望はあまりなかった。「許し」のもつ重みからであろうか。許しの作業をしたいが，今は落ち込んでいるので，次回まで待ちたい，という電話を受けたこともある。

参加するにあたっての障壁があるかを調べる。交通の便，機能面の困難

(例：視聴覚障害・歩行・疼痛など）などが，よくみられるものであった。この領域も MBCT グループの際と同様である。自宅で瞑想の練習をするために CD を聴ける環境が自宅にあるかも，このときに確認する。

③ 具体的な準備（配布物・CD 録音）

許しのグループでは，MBCT のような既成の配布物や CD はなかったので，すべて筆者の手作りであった。もっとも，主な教材は，MBCT 配布物（Segal et al., 2013）とラスキンの著書（Luskin, 2002）からの抜粋であり，どちらも著者から許可を得て使用した。『セルフ・コンパッション』（Neff, 2011）からの引用も若干ある。その他，いくつかの詩や引用文も使用した。詩は，頭での論理的理解と異なり，直接心へと優しく入っていくので，とても効果ある教材であると筆者は考えており，好んで朗読している。CD はマインドフルネス瞑想のほか，「コンパッション・ボディスキャン」(Neff, 2011) や「慈悲の瞑想」「許しの瞑想」(Kornfield, 2002) を筆者の声で録音した。

④ 場所の準備（部屋やマイクの確保）や時間の設定

第 2 章の MBCT グループの場合とまったく同じであるので，その項を参考にしていただきたい。時間も同じく午後 1 時半〜 4 時である。休憩もだいたい同様に，中 10〜15 分とっている。唯一の違いとして，このグループではボディスキャンは椅子に座って行うので，マットを敷く空間の心配は不要であった。ちなみに過去に性的トラウマを受けたある参加者は，こちらのほう（コンパッション・ボディスキャンは，足から始めずに頭から入る）がずっとやりやすい，と語っていた。

第2節 セッションの進め方
（8 セッションとフォローアップ・セッション）

週一回 2 時間半のセッションを 8 回，その 3 カ月後に，「同窓会」セッションと名づけたフォローアップ・セッションをもって結びとする。

どのセッションも基本的には，MBCT 同様，まず直体験のエクササイズや瞑想から入り，宿題の振り返り（reflection）をしたあと，10〜15 分の休

憩をはさんで，新しい学習へと移行する。そして，最後にセッションのまとめと宿題が記載された配布物を渡し，その説明を行い，短い瞑想で締めくくる。セッションごとの課題と作業および振り返りの宿題について，簡単に表5-1に示した。

表5-1 マインドフルネスに基づく許しのグループ

	セッション活動内容	許しに関する振り返りをつづる宿題 （紙面の都合上，記載を省略するが，そのセッションで行った瞑想の練習も宿題に出す）
1	● 紹介とオリエンテーション ● マインドフルネスの練習（一粒のレーズンを食べる） ● コンパッション・ボディスキャン	●「苦情」（grievance）レターを書く ● 学んだマインドフルネスの練習
2	● 書いた「苦情レター」を分かち合う ＊呼吸の座瞑想 ● 慈悲の瞑想 ● 許すコミットメント（しようと決めること）をする	● つづる： 　1）怒りを根にもつことがいかに自分の価値観を邪魔するか 　2）許す目標 　3）許すコミットメント
3	＊呼吸と身体感覚瞑想とマインドフル・ムーブメント ＊セルフ・コンパッション呼吸空間法 ＊現在の（過去でなく）痛み（情緒・思考・行動の）に気づく	● 今現在体験している自分の心の傷（感情・思考・身体症状）をつづる
4	●「実施不可能なルール」を学ぶ。ディスカッション ● 許せない行為を視野を広げて検討するエクササイズ ＊マインドフルネスと慈悲の瞑想	● 自分の「実施不可能なルール」をみつけ，記す ● なぜその人がそのように行動したかの理由や成り行きを慮り，記す。
5	● 今後の人生のポジティブな意図（目的）をみつけるワーク ＊マインドフルネス，慈悲，許しの瞑想	● 自分の人生を生きるうえでのポジティブな意図（目的）をみつける
6	● H. E. A. L. 瞑想（H：希望，E：自分への教育，A：ポジティブ意図の肯定，L：長期のコミットメント） ＊マインドフルネスと慈悲の瞑想	● 自らの状況でのH. E. A. L.を文章でつづる

7	●自らのケア ●自らに滋養（活力）をもたらすような活動をマインドフルに選択 ＊マインドフルネス，許しの瞑想	●新たな視点をもとに，自分の「苦情レター」を書きかえる
8	●H. E. A. L. 瞑想 ●学んだことの振り返り ●今後続けていきたい練習 ●それを実行する際に考えられる障害物 ●人生で大切なことと実施したい練習のリンク ●3カ月後のフォローアップ・セッションの確認 ●締めくくり：別れの言葉（各人）としおりの授与	

注1：＊印はマインドフルネスの練習であり，呼吸，身体，音，思考のマインドフルネスと呼吸空間法を含む。その直後の振り返りも含む。
注2：各セッションのはじめに，宿題の振り返りがあり，終了時にはセッションの要約と宿題の内容が記載された配布物が渡される。
注3：宿題には，上記のほか，セッション中に学んだ瞑想の練習も含まれる。

セッション1-8を通しての流れ

　表5-1に記載されているように，各セッションで，許したい行為に関する特定の振り返り（reflection）の作業を宿題として出し，その内容を翌回，皆で分かち合う。そんな振り返りを可能にする環境づくりの一助として，また本人がより心穏やかに思慮深く許しの作業を行うためのツールとして，マインドフルネスとセルフ・コンパッションを瞑想をはじめとするエクササイズを通して養っていく。後半では，それまでのセッションで学んだ許しに関するスキルを統合した瞑想 H. E. A. L.（p. 114参照）や，「許しの瞑想」，セルフケア実践の学習をする。

セッション1──優しさと気づき

　まず，不安と期待を抱きつつ現れた参加者を温かく笑顔で迎える。ちょうど待ちに待った客を迎え入れるときのように。そして一人ひとりの客が居心地よく，声も無理なく聞こえるように配慮する。早めに着いた参加者に

は，あらかじめ沸かしてあるお茶などの飲み物を勧めることもある。この建物が初めての参加者には，トイレや水飲み場の場所も知らせる。

　次に自己紹介を行う。ここでも，2人1組の自己紹介で緊張をほぐしたうえで，グループ全体での自己紹介へと進む。自己紹介の際，MBCT同様，2点の紹介をしてもらう。①なぜ参加することにしたか，②このグループで何を得たいか。多くの参加者はそれ以外のことも相手に聞く。例えば，この近くに住んでいるのかとか，この土地に来て何年になるのかとか，家族はいるのか，など。このような質問は2人1組の自己紹介だからこそ聞けるもので，親しみをもつうえで役に立つようである。

　その後，このグループ療法のオリエンテーションをする。「この場は，新しいスキルを学び，練習する実験室のようなもの。そんなスキルには慣れていないので，他人の洋服を着るようなぎこちなさがあるかもしれない。だからこそ，互いがそんな新しい学びを支えあい，批判されず安心して練習できるような環境を，みんなで築いていくことが大切」ということを，インストラクターが説明する。そして「その練習の場はこのクラス内と家庭である」ということも付け加える。「変化は時間がかかる。自己批判せず自分の可能性を信じる忍耐が必要である」とも話す。「そしてだんだん自分のものになっていく。だんだん自分の着慣れた洋服になっていく」と語り，質問はないかと尋ねる。MBCTと同様，ここでもインストラクターは，新しいスキルを教える教師であり，そのトレーニングのコーチであり，参加者を応援するチアリーダーでもあることを説明する。

　そして，このグループで達成しようとする「許しとは何か」を説明し，全員の共通理解をはかる。まず，このグループでの許しは，必ずしも傷つけた相手と「仲直り」しようとすることではない。仲直りするかどうかは状況により異なる。適する場合もあれば，適さない場合もある。もし加害者がいまだ害を加える危険がある場合は適さない。許すことは，自分を守ることを放棄するわけではないということを，はっきりと伝える。ここでの許しは，あくまでも自分のためだということを再度強調する。そしてこのような許しへの作業を，マインドフルネスとセルフ・コンパッションを養いつつ，それらをアプローチとして使うことを説明する。最後に許しの与える，心身や脳の健康への影響にも触れる。

それから，マインドフルネスを養成するエクササイズ（マインドフルに一粒のレーズンやドライチェリーを食べる）をし，その体験を振り返り，気づきを深める。休憩をはさんで，今度はボディスキャンを練習するのだが，ここでは，セルフ・コンパッション（自分へのいたわり）をもって，身体感覚に気づく練習をする。MBCTでのボディスキャンとの主な違いは，不快な感覚にいたわりの気持ちで気づくことと，不快感のない部分はありがたい気持ちで気づくといったことの強調である。例えば，肩がこっていたら，そのコリの感覚に気づき，その不快さを認め，そしてイメージとして優しくマッサージしてあげる気持ちでそれに接する。もしコリや痛みがなく，居心地がよければ，そんな状態に感謝の気持ちをもって気づく。そんな気づきをインストラクターが主導して促す (Neff, 2002)。

　最後に，宿題を出す。初回なのでていねいに説明する。まず「苦情レター」を書く宿題が出る。この作業は，傷ついた過去の状況（許したいと願う状況）を思い浮かべ，その体験をつづるものである。ダラダラ書くのではなく，①何が起こったか，②そのときの自分の考えと気持ち，③（それに関して）自分がとった行動，を叙述してもらう。そして，どうしてこの状況がこんなにつらく傷つくものなのかを振り返って，これも簡単に書いてもらう。

　2つ目の宿題は，皆で練習したボディスキャン瞑想を，CDを聞きながら練習してもらう。また日常のなかで何気なくしている行動のひとつをマインドフルにやってみる宿題も出る（MBCT第1セッションの宿題に近い。第2章参照）。家庭学習で不明な点があればいつでも連絡してくるように，と告げる。この点はMBCTのアプローチとまったく同様である。皆の家庭学習が効果あるものになることを，インストラクター自身が望んでいるのだから，ちっとも迷惑ではない，むしろ質問があることは嬉しいということを伝える。そしてマインドフルネスは奥が深くわかりにくいこともあるので，わからないことがあってもちっとも恥ずかしいと思う必要はない，ということをしっかり参加者に伝えておくことは大切である。

❀ セッション2──コミットメント

　まず，1週目で学んだコンパッション・ボディスキャンからこのセッショ

ンは始まる。その後，この体験の振り返りをし，そこから宿題にあった家庭でのボディスキャン練習の振り返りに入る。その後，宿題でつづった「苦情」レターを発表してもらう。これは勇気がいる。ためらいながらひとりの参加者が読み上げると，次の参加者も，読んでも大丈夫，このグループは誰も批判しない，皆それぞれの重荷を背負ってきているのだ，ということを確認し，読んでくれる。自然と，次から次へと書いたことを分かち合うようになる。でもなかには，書けなかった，という参加者もいる。また書いたけれど発表しない参加者もいる。そんな参加者をも，いたわりの気持ちで受け入れていく。心を開くには，皆それぞれの時間がかかるものだ，ということをインストラクターは言葉と行動で示していく。宿題ができなかった参加者には，その理由によっては援助の手をさしのべることも必要であろう。

　皆のつらい経験を分かち合ったあと，呼吸のマインドフルネスと慈悲の瞑想を筆者は取り入れている。この場合は，あまり慈悲の対象者の領域を広げず，自分とこの部屋にいる参加者全員のみに限った短い慈悲の瞑想とする。部屋の雰囲気が落ち着いたところで，休憩をとる。その後この日の宿題へと移る。

　この日の宿題は，許しの作業へのコミットメント（しようと決めること）をすることである。次のようなイメージ瞑想をインストラクターが先導する。

(1) まず目を閉じて，呼吸と身体のマインドフルネス瞑想を簡単にする。注意を「今」にもってきて，心を落ち着ける。

(2) 安全な場所で，心と体が支えられているイメージをしてもらう。そんな心に，太陽の暖かな光がそそがれ，心が温まり，柔らかくなって開かれていくようなイメージをしてもらう。

(3) 自分の生活や人生にとって，一番「大切なもの」を心に浮かべてもらう。そして，それがどうしてそんなに重要で意義深いのかを，数秒思い起こしてもらう。

(4) 温かな気持ちや力が，心のあたりから湧いてきて，その周りに自然に広がっていくのをイメージしてもらう。もしこのとき，この「大切なもの」に関係する人がいれば，その人のイメージも心に浮かべてみる。

(5) そしてそんな光景に感謝の気持ちを贈る。

このエクササイズのあと，目を開けてもらい，次のような質問と確認を通して，今の体験を振り返ってもらう。

(1) 人生で一番「大切なもの」は何だったのかを尋ねる（ふつうは健康や，家族・友人，意義ある仕事などがあげられる）。
(2) 自らが心に秘めている苦々しい気持ち（怒り・恨み・妬みなど）が，そんな最も大切な価値を，どんなふうに邪魔しているか，を尋ねる。
(3) 許しは，そんなつらい気持ちを楽にするための作業であり，他の誰のためでもない，またそのことを，他者が知る必要もないという理解を確認する。
(4) 許しの作業へのコミットメント（そうしようと決めること）をする。
(5) 許しの目標を理解する。それは，加害者の行動を忘れて水に流すことでも加害者と仲直りすることでもない。許しの目標は，心の平穏である。許しとは，自分を傷つけた者への責めを軽減し，自分中心なものの見方を変えていくこと。そして，そうすることによって深い理解と穏やかな心を得ることである。 (Luskin, 2002)

筆者は，ここで詩「決めたこと」（A Settlement）を朗読する。詩の朗読の際はいつも皆に，「よければ目を閉じて，リラックスして聞いてください」と呼びかけている。

決めたこと （A Settlement: Oliver, 2002)

見上げてごらん。春だよ。去年の埃は，今年の柔らかな希望へとかたちを変えた。そよ風の花は震えながら身を起こし，蕨（わらび）も丸みをおびた青白い腰をゆっくりと持ち上げ，つぐみがまた戻ってきた，神秘，悲しみ，喜び，メロディー，野心をかかえて。

そしてそのさなかへと私は歩いている。どこに行くでもなく，何を

するでもなく。ただ，この美しい世界のページを，心のなかで，何回もめくりながら。

だから，暗い過去よ，
私は今からするよ。
おまえを許すところだよ

すべてを。

配布物を配り，宿題の説明をする。
最後に，慈悲の瞑想をして，このセッションを締めくくる。

🪷 セッション3――過去から現在へ

呼吸と身体のマインドフルネス瞑想から，このセッションは始まる。その振り返りのあと，宿題の振り返りへと移行する。自宅で練習したコミットメントのイメージ練習の過程を宿題用紙につづってもらっているので，それがどのようにできたかを発表してもらう。同時にマインドフルネス瞑想練習の経過や困難な点も聞き，参加者の質問に答える。

休憩をはさみ，コンパッションを強調した呼吸空間法の瞑想を説明したあと，全員一緒に練習する。これは，MBCTの呼吸空間法（対処版）の最後に，自らへのいたわりを筆者が付け加えたものである。次に簡単にその3段階を記す。

(1) 現在の自分の状態（思考・感情・身体感覚）を批判せずに気づく。
(2) 気づきの焦点を呼吸一本に絞る（よそに注意が逸れた場合は，それに気づいたとき，批判せず，呼吸に注意を優しく戻す）。
(3) 気づきの"スポットライト"を呼吸の感覚を含めた身体全体の感覚へと広げる。
　(a) もし，つらい気持ちや思考が尾をひいていれば，体のどこでそれを「体験」しているかをみる。どこが緊張しているかをみる。そ

して，吸う息とともに，その場所に新鮮な空気を送り，吐く息とともに，その場所から疲れた空気を（鼻から）吐き出してみる。その際「それが何かわからなくても，もうすでにここにあるんだから，それを（無視せず）優しく受け入れましょう。それがあっても生きていけますよ」と，吐く息とともに自分にささやく。

 (b) そして，自分自身に慈しみの言葉を贈る。「安全でありますように。心の平穏が訪れますように。自分に優しくできますように。ありのままの自分を受け入れることができますように」。

その後，MBCTと同様のマインドフル・ストレッチをして，動いているときの身体感覚に，批判することなく気づく練習を紹介する。

最後に，今の自分の苦しみにマインドフルに気づくよう促す。すなわち，2日前，2年前，20年前に起こったことやその時点の傷ついた気持ちではなく，「今」ある思考，感情，体の痛みこそが，「今」の苦しみを引き起こしているのだ，ということに気づく視点へといざなう。自宅でゆっくり自分を振り返って，その気づきを宿題用紙に記載してもらう。許しの作業は，過去を変えるのではなく，現在を変えることである。

次の引用文の朗読とコンパッション・呼吸空間法の瞑想で，セッションは，締めくくられる。

> 自らへ許しの手をさしのべることは，一番必要な作業のひとつである。他者が苦しみに足をとられたように，私たちもまた同様である。もし，自分の生涯を正直にみつめたならば，自分自身を過ちへと追いやった，自らの悲しみや痛みをみつけるであろう。そこでやっと，私たちも，自らへ許しの手をさしのべることができよう。そして，自分が起こしたその痛みを，慈悲（の器）で支えることができるだろう。そのような自身への慈悲なくしては，あたかも亡命生活をしているように余生を過ごすようなものである。 (Kornfield, 2002)

セッション4——洞察と視野を広げる

呼吸・身体・音・思考のマインドフルネス瞑想から，このセッションは

始まる．その後，宿題の振り返りとコンパッション呼吸空間法をして，休憩を入れる．今回と次回のセッションが，この許しのグループのクライマックスであり，盛りだくさんなセッションとなる．

　はじめに「実施不可能なルール」に気づくワークをする．イメージしながら体験をしてもらい，その後，ディスカッションを通して理解をはかる．まず，参加者に目を閉じてもらい，実施不可能な状況を心に描いてもらう．どのような状況をイメージしても構わない．筆者は，誰もが自動車を運転するアメリカが住まいなので道路と車の比喩を使っている．「ハイウェーで，スピード違反を取り締まっている警察官になってみてください．目の前をある高級車が時速150km以上で走り去る．追いかけようとするが，エンジンがかからない．他のパトカーも忙しく，すぐ応援に来られない．その間，違反を何回も目撃するが，何もできない．違反のチケットを書いても手渡せない」（Luskin, 2002）というもの．「この警察官のように，私たちも，自分ではコントロールできない状況に直面することがある．私たちの人生には，どんな実施不可能なルールがあるだろうか」と参加者に問いかける．

　「ルール」とは，物事がどのようにあるべきで，人がどのように振る舞うべきか，といった「期待」を意味する．私たち皆，自他がどのように行動し考えるべきか，人生はどのように展開すべきか，について「ルール」をもっている．道路規則だけではなく，大きなことから小さなことまでさまざまある．例えば，葬式ではどんな服装をすべきか，どんな言葉を使うべきか，子どもは親にどのように接するべきか，この季節のお天気はもっとこうあるべきだ，など，限りなく「ルール」をつくっている．あるルールは社会や文化，法律で認められており，他のルールは家族内のものであったり，個人特有のものもある．

　「実施不可能なルール」とは，私たちがもつ上記のような確固とした「期待」であり，にもかかわらず，それを実施できる力をもたない場合をいう．

　ここで参加者に，自らのもつ「実施不可能なルール」をみつけてもらう．現在の傷ついた感情にまず気づく．そして，そんな感情はもしかしたら，「実施不可能なルール」を施行しようとしているからかもしれない，ということに気づいてもらう．そのルールを「〜であるべき」から「〜であっては

しい」に変えてみる。そして，それがどんな心の変化をもたらしたかに気づいてもらう。

　ラスキンがその研修で，「許せないということは，私はYESを期待したのに，NOを受け，それに腹が立っていることだ」と話したのを，筆者は聞いたことがある。これはあまりにも短絡的な表現ではあるが，ある真理を含んでいるように思う。「配偶者の貞節を期待したのに，そうではなかった」「親は子どもの気持ちがわかるべきだと思ったのに，そうではなかった」「成人した子どもは年老いた親の面倒をみるべきなのに，そうではなかった」などは，これにあてはまる参加者のストーリーである。

　宿題として参加者は，①許したい自らの状況を思い起こして，どうなってほしかったかを書く。②自分の期待に反して，どうなったかを書く。③そこに「実施不可能なルール」はあったかを探す。

　もうひとつの宿題に「視野を広げる」エクササイズがある。参加者は，次の4点に関して自分の状況を振り返り，熟考し，記述する。

(1) 加害者の言動を思い浮かべ，そのきっかけとなった要素や状況があったかをみる。加害者は，恐怖，怒り，混乱，色欲その他強烈な感情から，そんなことをしたのだろうか。その人はそのとき，経済的ピンチや困窮などを経験していただろうか。その他，どんな悪や苦とその人は戦っていただろうか。

(2) 加害者は自制力，共感力に欠けていたか。未熟だったか。なぜそんなふうになったのか。子ども時代，そんなスキルを学べるロールモデルがいなかったのだろうか。

(3) もしその人が「悪人」だったとしたら，どんな状況がそんな人間をつくったか。孤立していたのか，親の愛に欠けていたのか，よくない人格の遺伝子を受け継いだのか？

(4) この加害者がなぜそんな言動をしたかの理由や状況を，少しでも理解できたら，怒りや憎しみの感情から自分自身を解き放つのが，少しは楽にできるようになったであろうか。この人は欠点の多い未熟な人であり，人間は往々にして，すべきでないことをしてしまうことがあるものだ，と考えることができるだろうか。このようなつらい状

況の振り返り作業と同時に，自分へのいたわりを伴った呼吸空間法と自らへの慈悲の瞑想も，平行して練習してもらう。心の平穏と慈しみを養うことが，つらい作業をする際の支えとなるからである。

❀ セッション5——人生の価値

MBCTセッション5と同様，クッションをつらい感情に見立てて，そんな気持ちにどう対応するかをジェスチャーで示すことから，このセッションを始めるのが，筆者は好きだ。マインドフルネスの体得である。その後，簡単なマインドフルネス養成のための練習（座瞑想やストレッチなど）をする。宿題の振り返りと休憩のあと，「許しの瞑想」を紹介し練習する。これは3つの側面からの許しの練習である。①他者を傷つけたかもしれない自分の行為への許しを乞う。②自分を傷つけたかもしれない自分の行為への許しを乞う。③自分を傷つけた他者を許そうとする。その際，許すというのはプロセスであり時間のかかるもの，いま許せなくても構わない，ということを参加者に伝えることは大切であろう。許したいという自分の気持ちと瞑想のなかでの声かけの言葉が，許す心を「耕して」くれるであろうということを伝える（許しの瞑想は付録のCDに収録されているので，ぜひ試していただきたい）。

その後，目を閉じて次のような状況をイメージしてもらう（注：この光景の例も道と車の運転だが，他の例でもよい。道を歩いている光景もよいかと思う）。

　　人生という道を運転しながら，車のタイヤがパンクして道端で戸惑っている姿を想像してみてください。その不都合な出来事について，でこぼこの道や，タイヤ交換のやり方を知らないうえに携帯を忘れた自分の落ち度を責めることも選択肢。もう大事な会議に間に合わない，なんて自分は運がないのかと嘆き，道端で延々と文句を言うのも選択肢です。あるいは，速やかに対応して再度人生の道を走るのも選択肢だということを想像のなかで体験してください。周りへの怒りや，今後の車や道の状態への不信や不安から，道端にずっと立ち往生したい

人はどこにもいないでしょう。

　ここで参加者に，この人生で何を達成したいのか，自分の意図（目的）を探ってもらう。自分にとって大切な人生の目的，例えば，過去に裏切られた参加者にとっては，温かな人間関係を築くことかもしれない。それをこれから育みながら生きていきたい，という自分の意向や希望を発見すると，過去を解き放ちやすくなる。それは過去の傷を無視することではなく，癒しを促す視点から過去を捉えていくことである。

> 　許しとは，どんなに安全運転をしていてもパンクのリスクがあるということに気づいたときに体験する慈悲でもある。許しとは，自分のなかには深く底知れない可能性が秘められていることを知るときに湧いてくる力である。許しとは，道端で立ち往生したような大変な状況でも，そこに息づく野の花に気づく優しさでもある。そして許しとは，つらい状況に対処できた勇者のストーリーを生きたとき，感じるパワーでもある。
> 　　　　　　　　　　　　　　　　　　　　　　　　　（Luskin, 2002, p. 145）

　例をあげよう。ある70代の女性は，過去の姑の仕打ちを許せない。もっと優しく振る舞ってほしかったと願うが，自分にとって一番大切なのは，姑ではなく，娘と孫の幸福であって，愛情豊かな人間関係をつくっていくことだと気づく。そんな大きな視点に立って，自らの過去の傷の癒しをはかっていく。

セッション6──許しへの道

　このセッションは短い座瞑想から始める。その後，MBCTセッション6と同様，思考は事実ではない，ということを話す（第2章参照）。許せないさまざまな理由も，私たちの頭のなかに湧いている思考（記憶を含む）であることに気づいてもらう。思考と事実は異なる。強い感情を引き起こすような状況だと，もしかしたら誇張されて記憶に残っている場合もあるかもしれない。MBCTの章でも説明したように，思考を思考として扱うことは賢明である。

　そのあと「許しの瞑想」を一緒にして，その振り返りをする。宿題復習

と休憩のあと，H. E. A. L. という瞑想の説明をする。誘導しながら，一緒に練習をする。これは，今まで練習してつちかってきた許しのスキルの総まとめであり，次のように展開する。

(1) 目を閉じて，未解決の許せない（でも許したい）状況を思い浮かべる。
(2) 心に意識を向けて，ゆったりとした腹式呼吸をして，その感覚に気づく。
(3) その状況について，もっと違った風に事が運んでほしかったことに目を向け，「こうなってほしかった」と心のなかで語る（希望 Hope: H）。
(4) 自らの「実施不可能なルール」に気づき，例えば「残念ながら，私の親を含めて多くの親はどのように子どもを愛したらよいかを知らず，それは私がどうにかできることではなかった」と自分に教える（教育 Educate: E）。
(5) 自分の人生にとって大切なことを思い出す。例えば「自分の子どもたちと，愛情豊かな関係を保ちたい」（肯定 Affirm: A）。
(6) 長期的コミットメント（しようと決めたこと）を心のなかでする。例えば「これからも自分の人生にとって大切なことに目を向け，過去の傷を今後への成長の糧としたい」（長期 Long-term: L）。
(7) ゆったりとした腹式呼吸を，呼吸の感覚に気づきながら1～2分続ける。

この練習の振り返りをしたあと，全員で慈悲の瞑想を行う。宿題と配布物を配り，最後にルミの詩「ゲストハウス」（p. 18）の朗読をしてこのセッションを終える。

❀ セッション7――自らへのいたわり

セッション6および自宅で練習したH. E. A. L. 瞑想を全員で練習し，その振り返りをする。宿題の復習と休憩のあと，MBCTセッション7（第2章参照）に準じたセルフケアを学ぶ。そこで次の詩を朗読する。

優しさ（KINDNESS: Nye, 1995）

優しさがどんなものかを　本当にわかるには
失う必要がある。
この先のすべてが　一瞬のうちに消えてしまうような
ちょうど塩が　薄いスープのなかに溶けてしまうような
そんな喪失を。
手のなかで一つひとつていねいに数えて
大事に大事に蓄えていたものが
全部なくなって
初めて
周りが　いかに索漠とした荒野であるかに　気づくだろう
優しさのオアシス以外は。
バスはずうっと走り続け
乗客は　とうもろこしとチキンを食べて
窓の外を　じっと見つめている。

優しさのやわらかい重力を知る前に
白いポンチョをかぶって
道端に息絶え　横たわっているインディアンのところまで
旅する必要がある。
そして　この人が私であってもおかしくない
彼もまた　計画をもって　夜を旅してきたひとりの人
息を重ねて　生きてきた人なのだ
ということに気づく必要がある。

優しさが　心のなかの　最も深いものだと知る前に
悲しみが　もうひとつの最も深いものだということを
知る必要がある。
悲しみとともに　目覚め

> それに向かって　話しかけ続け
> そして　やっと　すべての悲しみの糸にぶつかったとき
> その布の大きさに　気づくだろう。
>
> そしたら　もう　優しさしか　意味あるものは　なくなるだろう。
> 優しさが　朝起き　靴のひもを結んで
> 郵便を投函して　パンを買う力を　くれるのだ。
> そして　優しさだけが
> 世界の群集のなかから　あなたに向かって　手を振って
> 「ここですよ　あなたが探していたものは」
> そして　まるで　あなたの影か　友達のように
> 一緒にどこまでも　ついてきてくれるのです。

詩に説明は要らない。言葉とイメージが心の奥に沁み込んでいく。

このセッションでは，コンパッション呼吸空間法や「許しの瞑想」も，必要に応じて取り混ぜる。

今回の宿題は，第1セッションの宿題でつづった「苦情レター」を，このグループでこれまでに学んだことを取り入れながら，書き替える作業と，今後続けていきたい瞑想を選択し，その練習をすることである。

❀ セッション8──新たな学びの維持と今後へ向けて

このセッションは第1セッションで初めて練習した，コンパッション・ボディスキャンから始まる。参加者はグループ当初を思い出し，いかにその出発点から長い心の旅をしてきたかを実感する。その後の宿題復習では，皆の書き替えた「苦情ストーリー」を読んでもらう。無理強いはしないので，なかには読みたくない参加者も出るが，大半は読んでくれる。感動的な瞬間でもある。その後コンパッション呼吸空間法をして，時には詩の朗読もして休憩となる。

休憩のあとは，全体の振り返りと今後の練習のコミットメントの分かち合いをする。これはMBCTのセッション8に準じるので第2章をご覧いた

だきたい。最後に,「一番の復讐は,よりよい人生を送ることであり,それは過去の傷に焦点をあてるのではなく(それは今でも加害者にパワーを与えているようなもの),それを糧として自らの今の人生のなかの大切なもの(愛情・優しさ・美しさなど)を育んでいくことである」(Luskin, 2002)と結ぶ。

　そしてMBCT同様,別れの「儀式」をして,この8週間の自らの努力を認め,支えてくれたグループ参加者全員との思い出の印にしおりを手渡す。片面にMBFグループの年月,裏面には許しに関する引用句が記されている。3カ月後のフォローアップ・セッションでの再会を約束して別れる。

✿ 3カ月後のフォローアップ・セッション（同窓会セッション）

　3カ月は長い。なかにはすっかり忘れている参加者もいるので,1～2週間前にメールまたは手紙などで,この集まりを呼びかけておきたい。なかには,それでも忘れる参加者もいる。この同窓会セッションもMBCTのそれに準じるので,第2章を参照されたい。ポイントは2つある。第1に,学んだことをこの3カ月間どのように維持できたか,どんな瞑想練習や許しのスキルを応用できたかを分かち合い,他の参加者のサポートを得る。第2に,今後どのように自分のケアをしていくか,どんな練習を続けていきたいかという将来に向けた希望と課題に思いを馳せ,それを分かち合い,支えあうことである。

　筆者はセッションをまずH. E. A. L. 瞑想か「許しの瞑想」という直体験で始め,そのあと上記の振り返りに入っている。そしてコンパッション・呼吸空間法を,部屋の空気やタイミングをみながら取り入れる。休憩をはさんで,上記の第2のポイント,今後の希望や課題へと移る。最後は,詩の朗読や短いマインドフルネスの座瞑想などで結ぶ。

第3節　インストラクターの役割と課題

　MBFもまた,MBCTと同様のインストラクターの役割および課題があてはまるので,第2章のその項を参照されたい。MBCTの参加者がうつに対する脆弱性を抱えているのに比し,ここでの参加者は許せない行為から

の心の傷という脆弱性をもつ。心の傷のきっかけとなった出来事が子ども時代にまでさかのぼる参加者から，現在までその出来事が続いている参加者まで，背景はさまざまであり，傷の深さも多様である。インストラクターの臨床経験やスキルが問われる場面も数多い。しかし，その根底には，専門家という肩書きを超えた，同じ人間，完璧ではない人間としての謙虚さと，そんな苦しみを知ることから生まれる慈愛がある。そしてそれを言葉だけではなく態度で表現していくことが，インストラクターの大きな課題のひとつであろう。

第4節　高齢者に施行する際の利点と留意点

　ここでも，MBCTとの共通点は多い。どちらもマインドフルネス養成が底流にあるからであろう。MBCT同様，利点は多く，留意点は限られている。第2章第4節で詳細を述べたので，参照されたい。

　許しのグループの場合はとくに，長い人生のどこかで受けた未解決の葛藤や心の傷およびその周りの状況を，より広い視野からみて，理解と洞察を探求するグループであった。その過程で参加者は，自分の人生を新たな視点から見直す機会を得る。それは，高齢期の発達段階のニーズとして，自分の人生とは何であったのかを模索するうえでも貴重な経験であったと考える。つらく苦しい気持ちから自らを解放していく許しの過程で，長年人生を歩んできた人たちがみせる勇気や知恵に心動かされる場面は多かった。まさしく許しのグループは高齢者対象に適したグループ療法といえよう。

第5節　マインドフルネスに基づく許しのグループの事例

　ここでは，筆者がインストラクターとして出会ったグループ参加者の事例と彼らの生の声を紹介したい。

❋ 事例1

　L氏は73歳の独身男性で，気分変調性障害という診断がついていた。彼は，筆者の実施するグループ参加希望の電話を過去にも2回かけてきたこ

とがあった。双方とも電話口で非常に激怒されたのを筆者は記憶している。1回目はすでにグループに空きがなく，2回目はL氏が参加する決意を躊躇している間にグループが定員に達してしまい，どちらも参加できなかったからである。そんな経緯があったので，今回L氏が電話してきたとき，内心ドキッとしたのを覚えている。

　事前面接で，彼はすべてに腹が立つと語った。母親にも，希望の進路に進めず家庭も築けなかった失望だらけの人生にも，またL氏に仕事を依頼すると約束したのにそれを破った隣人にも，そして道の電信柱にすら腹が立つと語った。何を許したいかと尋ねると，彼は母親または自分を許したい，怒りに満ちた生活から自由になりたいとの動機で参加した，と答えた。彼は一人っ子で，けんかが絶えない仲の悪い両親のもとで育ち，孤独でつらい経験が多かった。とくに母とは複雑な親子関係であり，それは成人後も尾をひいた。うつは20代から経験し，1960年代には電気痙攣療法を受けたこともあった。抗うつ薬を服薬するも効果はさしてなく，10年前は自殺未遂で精神病院入院歴がある。彼は，うつが自分の望む人生構築の邪魔をし，その結果として経済的にも楽でないことを憂える。そしてそのうつの原因は母親であり自分であると怒った。

　MBFグループでは，L氏は当初からノートを持参し，集中して話を聞きメモをとった。はじめはこわばった表情で，休憩時間も他の参加者と交わることもなかったが，たまたま彼の参加したグループでは男性が4人もおり，そのなかに気のいい，皆を笑いに巻き込むような70代後半の男性がいた。そんななごやかな雰囲気のなか，L氏の表情も後半には少しずつ柔らかさをみせてくる。宿題もきちんとして，わからない点は質問した。そのL氏が最後にこう書いている。「新しい考え方のアプローチである。(…)「自分を破壊しよう」とすることに時間を割かなくなった。そして，自己侮辱をする自分を許そうとしてきた。怒りの炎をさらに大きくするような自分の思考に気がついた。(…) 自分に穏やかな心で接することができるようになった。このグループは，怒りに対処する新たな方向を示してくれた」。

🌸 事例2

　Kさんは，69歳の独身女性で離婚歴がある。双極性障害といくつかの慢性疾患があり，体のさまざまな箇所の疼痛に悩む。2年前，アメリカ西海

岸からこの地に引っ越してまもなく，適応のストレスもあり双極性障害が再発し，入院精神科治療を受けている。許しのグループには，自分から電話をしてきた。自分と縁を切った父親と兄弟たちを許したいと話し，怒りや心痛から解放されたいと語る。ストレスから食べ過ぎて，20kgも太ってしまったという。

Kさんは，いかに参加者やインストラクターが批判的でなくて優しく，自分の心の健康を願ってくれているかがよくわかる，とセッション中に何度か感動の言葉を発した。宿題もまめにして，つらくなったときは，インストラクターに電話をして助言を求めることもあった。グループ終了後，Kさんはこう感想を書いている。「このグループでの，私自身についての学びは大きかった。そして将来が明るくみえるようになった。自分と自分の大切な人々への怒りはずっと小さくなった。日記には，前向きでリラックスした受容の言葉が今は増えた。過去には痛みと不快の満ちた内容だったのに」。

❋ 事例3

Wさんは79歳の女性で反復性大うつ病とパニック障害，糖尿病と関節炎の診断歴がある。彼女は精神科医からMBCTに依頼されて，MBCTに参加したあと，チラシを見て，このグループ参加を自ら希望してきた。長年の結婚生活のあと，ここ数年は（夫の投獄で）別居を強いられている。数年前，精神障害をもつ19歳の孫がWさんの夫（孫にとっては祖父）の性的虐待を訴え，親（Wさんの子）は警察に報告，Wさんの夫は現在刑務所に収監されている。Wさんが夫の無実を信じたため，地元の子どもや孫たちはWさんとのコンタクトを絶ってしまったという現状がある。彼女は，自らを許したいと語った。

Wさんがこのグループに参加したのは，彼女のMBCT参加後であったので，マインドフルネスへの理解もよく，瞑想練習も日課になっていた。許しの概念の理解も早かった。終了後，彼女はこう書いている。「私の人生のさまざまな問題を新たな視点からみる貴重な機会を与えてくれた。それは，とてもよかった。でも，まだまだ許しの瞑想，慈悲の瞑想，そして呼吸空間法の練習が必要です。自分や他人を傷つけた自分を許す瞑想をするときに，もっと素直に自分を信じることができるようになりたい。昔からの習慣は，なかなか打ち砕くことが難しい」。

🌿 参加者の語るマインドフルネスの有用性

　グループ終了後，参加者はマインドフルネスが許しの作業をするうえで役立ったかという質問に答えた。ほぼ全員の答えは YES であった。そして，それぞれがどのように役立ったかを書いてくれた生の声を，いくつかここに紹介する。

- 「体のどこが心の苦しみを背負っているかに気づいた」(69歳女性)
- 「「今」に焦点をあてるのに，役立った」(72歳女性)
- 「自分のなかの何層もの感情を，批判することなく受容するのに役立った」(72歳女性)
- 「「悪い記憶」が頭によぎり，自分を傷つけたとき，すぐにそれに気づくことができた。そして，とらわれずに，そこから自分を解き放つことができた」(82歳女性)
- 「MBCT グループの最後にもらったしおりに書いてあるように「瞬間瞬間が新たな機会」という言葉に従って生きようとしている。もし今日は自分を完全に許せなかったとしても，それはもう希望がないということではない。むしろその逆である」(63歳女性)

第6節　考察とまとめ

　この章では，マインドフルネスとセルフ・コンパッションを基盤にした許しのグループ療法の実際を，各セッションの課題，教材，進め方なども含めて詳しく説明した。セッションのなかで朗読した詩や引用文も，できるだけ和訳して紹介した。読者の方たちに，そんなセッションの雰囲気がわずかなりとも伝われば，幸いである。またグループに参加した人たちのなかから，簡単な事例3件と彼らの生の声を紹介した。その他，いかにマインドフルネスが許しの作業をするうえで役立ったかについて，参加者の感想も付け加えた。

　人は誰しも完全ではなく，状況によってはまずい選択をし，周りや自分を傷つけてしまうこともある。許しとは，そのことへの理解から生まれる慈愛である。参加者の多くは当初，悪いのは他者であり，自分は被害者であ

ると信じて，グループに臨んだ。グループ半ばで，そんな自分も加害者でもあったことに気づき，愕然とする参加者もいた。そのショックから立ち直ったとき，謙虚さと優しさを発見する。それが自分の痛みを減らし，心の平穏へと導く。事例1のL氏は，許せなかったときの自分の思考が，怒りの炎をどんどん大きくしていたことに気づいた。その結果，自分を破壊しようとして膨大なエネルギーを費やしていたことに気づく。

　許すことにより，人は過去を過去として扱うことができ，過去への執着から自分を解放していく。そして自分への慈しみと，現在のかけがえのない命を生きる力を取り戻す。許しとは，人生では傷つくこともあるということを認め，しかし何が起こっても，自分の感情は自分がケアできるという，静かな自信から生まれる安らぎである。これは8週間のグループ療法で完全に獲得できるものではない。時間のかかるプロセスである。今後もこの新たに発見した道程を歩み，自らの心を耕していく必要がある。それを事例3のWさんは正直に語ってくれた。まだまだ学んだ瞑想の練習をする必要がある，と。

　セルフ・コンパッションとマインドフルネスの意義をもう一度ここで見直したい。傷ついた自分の感情のケアは自分ができるという，自分への静かな信頼の心は，許しの過程で育んでいく大事な要素である。それは自己批判ではなく，自己のつらさを抱擁し慈しむ心であった。また，ほぼ全員の参加者が，許しの作業をする過程でマインドフルネスが役立ったと語っている。そんな参加者の生の声も紹介した。つらい感情や思考や問題を無視したりそこから逃避するのではなく，それに気づき，それに目を向け，それと対面する力とスキルを，マインドフルネスは与えてくれた。そんなつらさにとらわれることなく対面できたとき，新たな方向づけ，新たな視点，そして新たな存在の仕方を模索するといった可能性が生まれるのであろう。マインドフルネスが文字どおり，許しのスキルを学び育んでいくうえでの（スキルという種をまき，育てていくうえでの）土壌となったことを，参加者の変容を目の当たりにした筆者は痛感している。

　グループという設定が，そんな過程を歩んでいくうえで大きな支えとなったことは，MBCT同様，許しのグループでも顕著であった。事例1のL氏は他の参加者の温かな笑いのなかで，硬くなっていたその心が開いた。事

例2のKさんは，今までのつらかった人生のなかでは出会えなかったような人情の温かさに触れる。彼女のことを思いやってくれる他の参加者やインストラクターの言動に，喜びと驚きを示した。そんな環境のなかで，家族に勘当された自分も，愛されるに値する人間であるということを肌で感じていく。自分をもう一度信じよう，自分の今とこれからを信じよう，とKさんは立ち直っていく。それが彼女の日記の言葉に反映されたのであろう。
　このような高齢期にさしかかった参加者たちが，今後の限られた人生を，自他への慈しみをもちながらより穏やかに生きていけたら，そしてこのMBFグループがその一助となれば，というささやかな願いとともに筆を措きたい。

第6章

認知行動療法におけるマインドフルネス

毛利伊吹

第1節 はじめに

 認知行動療法におけるマインドフルネスの登場

2004年に神戸で，アジア圏では初めての世界行動療法認知療法会議（World Congress of Behavioral and Cognitive Therapies）が開催され，その2年後の2006年には，香港で第1回のアジア認知行動療法会議（Asian Cognitive Behaviour Therapy Conference: ACBTC）が開かれた。こうしてアジアでも，認知行動療法の国際学会が行われるようになり，それに伴って，日本を含めたこの地域における認知行動療法の浸透は加速した。

その第1回ACBTCで記憶に残るシーンがある。学会のプログラムのひとつとして行われた仏教心理学に関するシンポジウムでのことだが，私は聴衆のひとりとしてこの会場にいた。シンポジウムが始まるとそこに登壇してきたのは，オレンジ色の袈裟をまとった僧侶であった。その衣装は，映画『ビルマの竪琴』で見たものに似ていたが，色はより鮮やかで美しく私は目を奪われた。そして同時に感じたのは大きな違和感だった。それまで自分の学んできた認知行動療法と彼の姿はどうにも結びつかなかった。シンポジウムのテーマが仏教心理学であることを思えば，僧侶の登場は不思議のないものだったかもしれない。しかし，そもそもなぜ認知行動療法の学会で仏教心理学がテーマとして選ばれたのか，それさえまだ飲み込めていなかった。しかしこの学会で突然，穏やかな佇まいの僧侶と出会い，

認知行動療法にこれまでとはまったく違う何かが流れこんでいたことに，遅まきながら気づくことになった。そしてその中心にあるものこそ，マインドフルネスだった。

仏教に由来するマインドフルネスは心理臨床の文脈のなかで読み替えられ，現在，一般の人々におけるストレス対処やさまざまな精神疾患への介入に応用されている。この10年の間にマインドフルネスは心理臨床のみならず幅広い領域で注目されるようになり，今では基礎心理学においてもホットなトピックスのひとつとなった（Brown et al., 2015）。この章では，主に認知行動療法におけるマインドフルネスを概観し，その活用の可能性について考える。

② 認知行動療法へのマインドフルネスの導入

大谷（2014）は，マインドフルネスを仏教の伝統を受け継いだものと治療を目的とするものとに大別し，前者を「ピュア・マインドフルネス」，後者を「臨床マインドフルネス」とよんだ。ピュア・マインドフルネスは，仏教の価値観に立脚した仏教的ライフスタイルとしてのマインドフルネスであり（大谷，2014），人の日々のありようや生き方に関わっている。臨床マインドフルネスには，①ストレスへの対処や症状の緩和といった臨床上の目的で用いられるマインドフルネスの実践，②マインドフルネスストレス低減法（MBSR）やマインドフルネス認知療法（MBCT）などのマインドフルネスの実践に基づく介入，③弁証法的行動療法（DBT）やアクセプタンス＆コミットメント・セラピー（ACT）などのマインドフルネスのアプローチを組み入れた介入がある（Baer, 2003）。なお，MBCTやDBT，ACTは次に述べるように認知行動療法の一種である。

1950年代に行動療法が登場し，1960年代にはベック（Beck）やエリス（Ellis）らによって認知療法の基礎が生まれ，それらが1980年代に認知行動療法として発展した。これには現在，認知療法に重心をおく立場と，行動療法に立脚する立場とがある。なお，主にベックの認知療法の理論的枠組みを踏襲するものを標準的な認知行動療法，または，伝統的な認知行動療法とよぶことがある。1990年代には，ヘイズ（Hayes, 2004）が「第三の波（third-wave）」と名づけた認知行動療法が登場した。ここに，MBCTやDBT，

ACT, メタ認知療法などが含まれている。なおその後, 第三の波ではなく,「文脈的認知行動療法 (contextual cognitive behavioral therapy)」とよぶことが提唱された (Hayes et al., 2011)。これらに共通の特徴として, 思考や感覚, 感情といった心理的な出来事の内容や妥当性, 強度や頻度を介入の第1の標的にするのではなく, 苦しみをもたらす心理的な出来事が置かれている文脈への変化を通して, その機能に変容を促そうとする点があげられる。そしてマインドフルネスは, このための体験的な手段を文脈的認知行動療法に提供し, さらに治療の考え方にも影響を及ぼした。

マインドフルネスという用語の定義はいまだ確立していないが, マインドフルネスを心理臨床に初めて導入したカバットージン (Kabat-Zinn, 1994) の,「今この瞬間に対して, 判断することなく意図的に注意を向けること」という定義が参照されることが多い。また, カバットージン (2003) は,「刻々と展開する体験に対して判断をせず, 今この瞬間に, 意図的に注意を向けることで現れる気づき」とも述べており, 結果としてもたらされる気づきも含めている。マインドフルネスの操作的定義を検討したビショップら (Bishop et al., 2004) は,「今この瞬間の体験への気づきを促すような注意の自己調節」と「今この瞬間の体験に対する好奇心や開放性, 受容を伴った態度」という2種類の要素に着目している。総じてマインドフルネスにおいては, 現在に注意を焦点づけることと, 現在という瞬間における体験への気づき, そして体験を積極的に受け入れる態度が重視されている。

第2節 マインドフルネスを組み込んだ認知行動療法

ここでは, マインドフルネスの手法を取り入れただけではなく, その考え方を治療の理論に含めた主な認知行動療法を取り上げ, 各療法におけるマインドフルネスの位置づけについて紹介する。

1 MBSR (Kabat-Zinn, 1990 春木訳, 2007)

MBSRは, マインドフルネス瞑想を用いたプログラムであり, カバットージンによって開発された。この療法自体は認知行動療法ではないが, これにより心理臨床の領域にもたらされた「マインドフルネス」は, 認知行動

療法の進展にも大きく影響した。カバットージンは1971年に博士号を分子生物学で修得しており，当初の専門はメンタルヘルスではない。だが，1960年代に禅と出会い，自身の瞑想体験がマインドフルネス瞑想を用いた療法の開発につながった（Kabat-Zinn, 1982）。マインドフルネスは，仏教の教えを科学や医療の枠組みで読み替えたものであり（Kabat-Zinn, 2011），表面的な宗教色を排しているが，仏教とのつながりがこの療法では意識されている。これ以降に登場したマインドフルネスを含む認知行動療法では，マインドフルネスが仏教由来であることを認めつつ，その実践については宗教と一線を画すものとして語られることが多く，例えばDBTの創始者であるリネハン（Linehan, 2015）は，禅は実践であって宗教ではないと述べている。

　MBSRは，高血圧やがんなどの疾患，頭痛や腰痛といった慢性的な痛みを抱える人などを対象として，1979年にマサチューセッツ大学のメディカルセンターで始まった「ストレス低減およびリラクセーションプログラム」に基づいている。MBSRは，注意集中力を高めるためのトレーニングを体系的に組み立てた8週間のプログラムであり，呼吸法，静座瞑想法，ボディスキャン，ヨガ瞑想法などマインドフルネスの実践から構成され，集団で実施される。ここでいう注意集中とは，「一つひとつの瞬間に意識を向けること」であり，気がかりを取り除いたり，押し殺したりするという意味ではない。例えば呼吸法では，呼吸に注意を向けるように求められるが，注意が呼吸から離れた場合には，注意をそらせたものは何かを意識したあと，再び静かに呼吸に注意を戻すことになる。このような練習を繰り返すことで，呼吸を助けとして「今」という瞬間に意識を向け，自分の体や感覚に注意を集中できるようになる。実践される瞑想はいずれも，意識的に心や体を観察して，その時々の自身の体験を，あるがままのものとして受け入れるプロセスである。このトレーニングを通して，症状自体に意識を向け，それを現実の体験として受け入れることは，症状とともに，いま現在の自分を受け入れることとなり，安定と穏やかさの体験につながる。そして，マインドフルネスの実践を継続することで，一瞬一瞬をありのままに生き，また「自分がひとつの全体であり，かつ，より大きな全体の一部である」と感じられるようになるとされる。

② MBCT（Segal et al., 2002 越川監訳, 2007）

　MBCTは，うつ病の再発予防を目的として開発された集団療法である。いったんうつ病を経験すると，回復してからも，わずかなうつ気分の増加で否定的な思考が活性化されやすくなってしまい，否定的な思考とうつ気分との悪循環が生じ，それが再発につながるという点にこの療法は着目した。従来，認知行動療法では，思考の内容に変化をもたらすことで気分の改善を導こうとしてきたが，この療法では，思考や感情との関わり方に変化をもたらそうとする。

　当初，MBCTの開発者たちは，注意の訓練という要素を認知行動療法に取り入れ，否定的な思考から距離をとる脱中心化を促進することで再発を予防しようと考えていた。DBTの開発者であるリネハンとも交流のある彼らは，マインドフルネスが思考や感情から一歩離れるための手続きとして用いられていることを知り，さらに，MBSRからも学んで，これを脱中心化を導くための注意コントロールの手段として採用した。

　しかし，彼ら自身がマインドフルネスを実践するなかで，それがスキルや技法を学ぶにとどまらず，感情や身体感覚を含めたすべての体験に対する新しい態度を養っていることに気づいた。そこで，マインドフルネスからその手段を認知療法に取り入れて「注意コントロール・トレーニング」という療法を開発するという当初の構想を変更し，マインドフルネスの枠組みに認知療法を組み込んだMBCTが開発された。

　この療法では，マインドフルネスの実践を通して，うつ病の再発を引き起こす心の状態である「すること」モードに特徴的な，思考，感情，身体感覚のパターンに気づき，評価をせずに今この瞬間に注意を向けることで，「あること」モードに移ることができるようになると考えている。「すること」モードとは，現状と望ましい状態との間のギャップを感じたときに起動するモードであり，否定的な感情が引き起こされ，同時にそのギャップを埋めようと心は駆り立てられる。一方，「あること」モードは，自身の体験を変えようとせずに，そのままま受け止めるものであり，脱中心化をもたらす心のモードとして捉えられている。MBCTの重要な概念のひとつである「脱中心化」とは，思考や感情という体験を自分から切り離すという意味で

はなく，あらゆる体験を喜んで迎え入れ，そのままにしておくという姿勢のもともたらされ，思考や感情に巻き込まれることなく，その脇にとどまるという心のあり方として理解される。

このプログラムでは認知行動療法の基本的なモデルである，認知と感情，そして行動と感情の結びつきを理解するためのワークも行われる。だがここでは，思考の内容ではなく，思考というものが事実そのものではない点が強調されており，マインドフルネスの枠組みにそったかたちでモデルを用いていることがわかる。

なお，『マインドフルネス認知療法』の改訂版（Segal et al., 2013）では，セルフ・コンパッションについての記載が加わった。その具体的なトレーニング方法は設けられていないが，マインドフルネスの実践にはコンパッションの要素が重要であり，これが示されるなかプログラムを行うことで，参加者自身の実践にも反映されるようになると考えられている。

3 嗜癖行動に対するリラプス・プリベンション

マインドフルネスを基盤とする心理療法として，治療抵抗性うつ病や双極性障害，過食に関するものなどが開発されているが，Mindfulnes-Based Relapse Prevention for Addictive Behaviors（MBRP: Bowen, 2014）は，薬物乱用に対して初めて治療を受けている人や，断酒の初期段階にある人々への外来でのアフターケアを意図した療法である。リラプス・プリベンション（relapse prevention）とは，リラプス（再発）の生じやすい状況を同定したうえで，認知的・行動的な方略を用いてリラプスを防ごうとするものであり（Marlatt & Witkiewitz, 2005 原田訳, 2011），認知行動療法に基づいている。認知行動療法と並行してリラプスの予防に及ぼす瞑想の効果を検討したところその効果が示唆されたため（Bowen, 2014），リラプスに対する認知行動療法のアプローチにMBSRとMBCTのマインドフルネス実践を統合して，8週間のプログラムが開発された（Bowen et al., 2015）。

この療法においてマインドフルネスは，経験すべてとの関わり方やそのありようとして位置づけられている（Bowen, 2014）。マインドフルネスを基盤とする介入は嗜癖の基本的な側面である，渇望や情動の調節，気づきや受容といった保護因子の増加，回避などの危険因子の低減，嗜癖の認知的・

行動的パターンを介入の標的として扱える点で有用と考えられている（Bowen et al., 2015）。

4　DBT（Linehan, 1993 大野監訳, 2007）

　DBTは自殺類似行動などの問題を抱える境界性パーソナリティ障害に対する包括的なプログラムとして開発され，現在では，摂食障害や双極性障害などにも適用が広がっている。創始者のリネハンは，若き日に自身も境界性パーソナリティ障害に苦しんでいたことを明かしており，2011年に『ニューヨーク・タイムズ』紙の電子版に掲載された記事（Carey, 2011）によると，自分自身を受容することが彼女の大きな転機となったという。そしてリネハンは，境界性パーソナリティ障害の治療に携わるなかで，根本的受容（radical acceptance）を重視するようになる。DBTには，苦悩に耐えるスキルのトレーニングが含まれるが，苦悩に耐えることは，その瞬間において人生をあるがままに受け入れることにつながると考えられている。苦痛や苦悩も人生の一部であり，それを完全に回避したり除去することはできず，この事実を受け入れられないと，かえって苦しみを増加させてしまう。この療法における受容は，変化をもたらすためのものではなく，また，その苦痛や苦悩を「それでよい」と肯定して受け入れるということでもない。これは判断や非難を加えることなく，そのままに自身の経験を捉えることであり，この受容という概念を治療にもたらすために，リネハンは禅の瞑想からマインドフルネスを取り入れた。DBTでは，受容とともに変化も重視されるが，方向性の違う両者をつなぐものとして弁証法という考え方が導入されている。

　この治療法における4つの柱は，外来での個人精神療法，グループでのスキルトレーニング，スキルの般化を促すための電話相談，治療者のためのケースコンサルテーションである。スキルトレーニングでは，マインドフルネス・スキル，効果的な対人関係スキル，情動調節スキル，苦痛耐性スキルが扱われ，中核となるものとしてマインドフルネス・スキルを最初に学ぶこととなる。

　マインドフルネス・スキルは，「何をするか（What）」スキルと「どのようにするか（How）」スキルとに分けられる（宮城・山崎, 2016）。「何をする

か（What）」スキルは，観察する，描写する，関与するの3つであり，それぞれ，自分の心の状態をあるがままに観察し，自身の体験を言葉で描写すること，そして自分自身が行動や活動に入り込んでそれらに取り組むことである。最後にあげた関与することが最終的な目標とされている。また，「どのようにするか（How）」スキルは，非断定的な姿勢をとる，その瞬間にひとつのことに焦点をあてる，効果的であるの3つである。効果的であるとは，その人にとって現実的に意味のあるやり方で行動することを意味する。

　この療法における「賢い心」とは，「理性的な心」の論理的分析と「感情的な心」の情緒的経験に，直感的知識を統合したものであり，両方の心のバランスをはかり「賢い心」に達するための手段として，マインドフルネス・スキルが位置づけられている。

　なお，2015年に出版された*DBT skills training manual.*の第2版（Linehan, 2015）ではいくつかの新しい点が加えられ，マインドフルネスに関してはスピリチュアルな視点からも語られることとなり，コンパッションという要素が加えられた。そしてマインドフルネス実践のゴールとして，一番に「苦しみの軽減と幸せの増加」があげられている。

5 ACT（Hayes et al., 2012 武藤ら監訳, 2014）

　ACTは心理的柔軟性を高め，人が自身の選択した価値にそって生きることを援助する療法である。その哲学的背景には機能的文脈主義があり，また，人間の言語と認知に対する説明として，行動分析学における関係フレーム理論を有している。これらに基づいて，思考は内容よりも機能が重視され，思考の悪影響（例えば心理的苦痛）を変化させるには，その文脈を変える必要があると考えられている。ACTの介入における標的は，認知的フュージョンと体験の回避に関連する心理的苦痛だが，前者は思考を字義どおりに受け取って，その内容にとらわれることを意味する（例えば，「私はダメだ」という考えを，私はダメな存在であるという事実として受け取ってしまうこと）。また，体験の回避は，望まない私的出来事（身体感覚・感情・思考・記憶など）を，回避，抑制，または除去しようとする試みであり，その努力によってかえって，避けようとする体験の頻度と強さが急激に

高まる。

　心理的柔軟性のモデルは「アクセプタンス」「脱フュージョン」「今，この瞬間との接触」「文脈としての自己」「選択された価値」「コミットされた行為」という6つのプロセスから構成され，これらすべてがともに機能している状態を心理的柔軟性と考える。「アクセプタンス」は，私的出来事を回避せずに，積極的かつ自発的にそのまま受け入れることであり，「脱フュージョン」は，認知的フュージョンを支える手がかりや文脈を変えて，私的出来事の問題となる機能を変容することである。また，言語に妨げられずに世界をより直接的に経験する「今，この瞬間との接触」を重視し，概念としての自己にとらわれない状態である「文脈としての自己」において，体験の流れを意識できるような視点をもつことが可能となる。この療法では，価値をクライエントにとって建設的な生き方の指針として機能するものと位置づけ，クライエントにはそれを行動の理由ではなく「選択」として捉えるよう促す（増田・武藤，2006）。そして，「コミットされた行為」というプロセスでは，クライエントがある具体的な行動と選択した価値とを結びつけるのを助けたり，価値に基づいた効果的な行動について，より大きな行動パターンを構築することを援助する。

　ACTにおけるマインドフルネスは，「アクセプタンス」「脱フュージョン」「今，この瞬間との接触」「文脈としての自己」という相互に関連する4つの側面をもつものとして理解される。この療法は，瞑想以外の多くのマインドフルネスのエクササイズを有しており，それらを通してマインドフルネスのスキルを学ぶことで，注意が充実して「今，この瞬間」における情報へのアクセスが向上し，結果として心理的柔軟性が高まる（Fletcher & Hayse, 2005）。マインドフルネスのスキルを身につける目的は，自分と症状との関係を根本的に変えること（Harris, 2009 武藤監訳, 2012）だが，それは症状の改善にとどまらず，価値にそった生き方の実現を支えると考えられる。

第3節　認知行動療法におけるマインドフルネスの活用

　以下では，マインドフルネスのアプローチを補助的に，もしくは中心的な手段として導入している認知行動療法を取り上げる。

1 メタ認知療法 (Wells, 2009 熊野ら監訳, 2012)

　メタ認知には，認知の解釈やモニタリング，コントロールに関する知識や認知の過程が含まれている。メタ認知療法は認知そのものではなくメタ認知に焦点をあて，精神障害の原因として，心配や反すうにとどまるような思考スタイルや注意が脅威に固着するような注意バイアス，そして，思考についての信念であるメタ認知的信念に注目する。

　メタ認知療法は，注意制御を修正する技法（注意訓練法・状況への再注意法）やディタッチト・マインドフルネスの技法を有している。ディタッチト・マインドフルネスは「距離をおいた気づき」という状態であり，これにより心配や反すうといった固執的な処理を中断することなどが期待される。ディタッチト・マインドフルネスは，とくに思考へのメタ的気づきの促進に関係しており，現在の瞬間への気づきの増大のようなマインドフルネスの広範な特徴を必要とせず，広範で継続的な実践も必要としない（熊野，2012）。また，ディタッチト・マインドフルネスの状態やその構成要素（十分なメタ的気づき・認知の脱中心化・距離をおく注意の向け方など）を促進するために用いられる技法に瞑想は含まれていない。ディタッチト・マインドフルネスについては，それを介入の成否を決める中心的な手続きと考えるのではなく，メタ認知的な変化を促進し，認知レベルとメタ認知レベルの働きの移行を促進するために用いることのできる有益なツールと考えるべきと位置づけている。

2 行動活性化療法 (Kanter et al., 2009 大野監訳, 2015)

　1996年に発表された認知療法のコンポーネント分析（Jacobson et al., 1996）がきっかけとなって登場した療法である。この研究では，ベックのうつ病に対する認知療法における技法を3つのコンポーネントに分けて検討が行われたが（①行動活性化のみ，②自動思考の修正を①に加えたもの，③中核信念への介入を②に加えたもの），それらの間に効果の差異は認められなかった。その結果を受けて，行動活性化が単独の治療法である行動活性化療法として開発されることになった。

　行動活性化療法の目標は，多様で安定した正の強化の供給源との接触を

もたらし，本人にとって意義と目的ある人生をもたらすことにある。そして，楽しい活動を増やすだけではなく，行動の機能に着目して，クライエントの価値観にそって活性化する活動の課題が設定される。まずは，あまり複雑ではない活動スケジューリングを重視したプロトコルに従って行動の活性化が行われるが，それで効果が認められない場合に試みる方法のひとつとして，マインドフルネスがある。具体的な技法として，DBTにおけるマインドフルネス・スキルが紹介されており，これを練習することで，行動活性化に伴う否定的な体験（うつや不安などの苦痛な感情や否定的な思考など）を回避せずに，本人が価値をおいている行動への取り組みを促すことができると考えられている。

③ 不安とうつの統一プロトコル （Barlow et al., 2010 伊藤・堀越訳, 2012）

各種の不安障害同士や気分障害と不安障害との高率な併存が知られており，時点有病率では患者の6割近くにそのような併存が報告されている（Brown et al., 2001）。不安とうつの統一プロトコルは不安障害や気分障害を対象としており，これらが併存する場合にも適用が可能な診断横断的な治療法として開発された。不安障害や気分障害の多くの患者は，症状維持につながる不適応的な感情調整の方略を用いているという考えに基づき，感情調整不全をターゲットとして，患者が不快な感情に向き合い，適応的な対応法の学習を援助するようなプログラムとなっている。①現在に焦点化した感情への気づき，②認知的柔軟性，③感情回避と感情駆動行動，④身体感覚への気づきと忍耐力，⑤感情曝露という5つのモジュールから構成され，なかでも⑤感情曝露が重視されている。

マインドフルネスのエクササイズは，①現在に焦点化した感情への気づきにおいて，現在の体験に焦点をあてて非断定的に自身の感情に気づけるようになるために用いられる。これはその後のモジュールで，認知，身体，行動という感情の3要素に取り組むための準備でもあり，非断定的に観察した現在の体験を思考，身体感覚，行動の面から記述することで，それらが構成する悪循環の理解にもつながる。

❹ スキーマ療法（Young, Klosko, & Weishaar, 2003 伊藤監訳, 2008）

ヤング（Young）によって提唱され，パーソナリティ障害など慢性的な心理的障害に適した心理療法である。パーソナリティ障害を有するクライエントは，標準的な認知行動療法の仮定にあてはまらないことも多いため，このやり方で十分な効果を得ることは難しい。例えば，「短期間の訓練により，自身の認知や感情にアクセスできるようになる」という仮定に対し，パーソナリティ上の問題を抱えるクライエントは認知や感情を回避しがちであり，容易にはそれらにアクセスできないことがある。また，対人関係の困難を抱えているために，治療の前提となる協同的な治療関係を治療者との間で結ぶことが難しい。そこで，標準的な認知行動療法を拡張し，アタッチメント理論やゲシュタルト療法，対象関係論などを統合した治療モデルをもつスキーマ療法が開発された。中心となる概念のひとつが早期不適応的スキーマであり，これは，発達の初期段階で形成され，生涯にわたって維持される自滅的な認知と感情のパターンと理解される。

この療法には2つの段階があり，第1段階の「アセスメントと教育のフェーズ」では，クライエントが自身の早期不適応的スキーマの種類を同定し，幼少期や思春期におけるスキーマの起源を理解し，それを現在の問題と関連づけられるよう援助が行われる。第2段階の「変化のフェーズ」においてスキーマを修復するため，認知的手法・体験的手法・行動的手法・対人関係的な手法が組み合わせて使用される。

境界性パーソナリティ障害に対してスキーマ療法を行う際に，治療のできるだけ早い段階でのマインドフルネス瞑想の習得が勧められている。この目的は，治療によって感情の刺激された患者が衝動的に行動しないよう，自らの感情を制御できるようにすることである。また，伊藤（2013）もスキーマ療法の導入前に，「クライエントのなかに，自らの体験をモニタリングしそれらの自動思考や気分・感情，身体反応をマインドフルに受け止める，というマインドフルネスの構えが形成されていること」が望ましいとしている。さらに，感情抑制スキーマや遮断・防衛モードへの対処のひとつとして，時間をかけてマインドフルネスのワークをクライアントと取り組むことがあげられており，その際の工夫として，さほど強い感情が喚起されない

レーズンエクササイズから入ることが多いと述べられている（伊藤，2013）。

5 統合失調症の症状に伴う苦痛への介入

チャドウィック（Chadwick, 2014）は次の2点から，幻聴への介入にマインドフルネス実践を導入する意味があると考えた。すなわち，マインドフルネス実践の提供する受容的態度や体験から心理的に距離をとることによって，患者の信念の内容を扱うことなく幻聴やパラノイアに伴う苦痛や混乱を低減できる可能性，また，特定の内的あるいは外的刺激に注意の固着する傾向を和らげられるという可能性である。

統合失調症の人々にマインドフルネスの実践を安全に提供するための工夫として，エクササイズの時間を10分間と短く設定し，また，幻聴との格闘や妄想的な思考に迷い込んでしまうのを防ぐため，瞑想中には30秒から60秒間ごとにガイダンスを行って沈黙の時間を短くしている（Chadwick, 2014）。このように工夫されたマインドフルネス実践と幻聴への認知行動療法とを組み合わせて，集団で実施する Person-Based Cognitive Therapy（PBCT）が作成された。

このプログラムの効果を検討したところ，ウェルビーイング，幻聴による苦痛，幻聴のコントロールに改善が認められた（Dannahy et al., 2011）。統合失調症に対するマインドフルネス実践を含む介入（ACT・MBCT・PBCTなど）のメタ分析では，これらの療法の標的が症状ではなく，症状による苦痛の低減となっているにもかかわらず，症状の低減にも効果が認められ，その効果は陽性症状よりも陰性症状に対するほうが中程度と高かった（Khoury et al., 2013）。

6 問題が重複する高齢者における治療

睡眠薬依存性不眠症の高齢者に対する認知行動療法に，マインドフルネスの実践と減薬プログラムとを組み合わせたケースが報告された（Lunde & Skjøtskift, 2015）。1回60分で計10回のセッションが提供され，毎回15分から20分がマインドフルネスのエクササイズ（MBSR の静座瞑想法とボディスキャン）にあてられた。これは，薬への渇望や眠りに関連するストレスなどに対する習慣化した反応を変える手助けとして用いられたが，同時に，

その他の症状への曝露を促し、一瞬一瞬における個人の選択や反応への気づきを高めることが期待された。さらに自宅では、眠りに関連するストレスや覚醒を低減するため、ACTからマインドフルネスのエクササイズが導入された。

治療の結果、10週間で断薬を達成し、治療終了時にある程度の全般的改善を主観的に認め、不眠の症状は半年後のフォローアップ時に改善していた。ここでは、認知行動療法とマインドフルネスを組み合わせる際には、症状の低減と行動の選択における柔軟性の増加という、2つの異なる目標を組み合わせる理論的根拠を患者に明示すべきと述べられている。

また、マリノら（Marino et al., 2015）は、マインドフルネスのスキルが標準的認知行動療法を補完し、判断を下すことなく外的な出来事や自身の情動に接近することを助け、現在への焦点づけを促すと指摘し、身体的な障害や死別、退職、社会的孤立といった多くのストレッサーに直面している高齢者の援助には、とくに有用と考えた。

そこで、慢性的な疾患を伴う高齢者のうつに対して、標準的認知行動療法にマインドフルネスやアクセプタンスのスキルを加えた介入が実施された。計12回のセッションが行われ、マインドフルネスのエクササイズはMBSRやMBCTの構造化された方法に基づいて、経験豊かなトレーナーにより第2回のセッションで導入された。3回目から11回目のセッションでは、各回の開始時にそのエクササイズが行われた。セラピー後にうつとQOLの指標は改善しており、3カ月後のフォローアップでもそれは維持されていた。

第4節 まとめ

1 認知行動療法におけるマインドフルネスの位置づけ

標準的な認知行動療法が、認知の内容に変化をもたらすことを強調してきたのに対し、新たな切り口として注目を集めたのが、認知の機能における変化である。例えば、思考をそのまま受け止めたり、そこから距離をとったり、注意を外したりすることは、思考がもたらす心理的苦痛などを和

らげることにつながる。この考え方は標準的とされる認知行動療法にも生かされており、注意トレーニングなどの技法も用いられるようになった（ただしベックは、初期の頃より、認知から距離をおくことの重要性にも言及している）。

　その一方で、認知の文脈や機能を重視する文脈的認知行動療法が登場し、マインドフルネスは、そこにクライエントと認知との新たな関わり方を具現化するためのツールを提供しただけでなく、その考え方が治療の理論にも反映されることとなった。マインドフルネスを治療の理論にも含むMBCTやDBT、ACTは、それぞれ異なる療法であり独自性を有しているが、「どのような体験であっても避けることなくそれを進んで受け入れ、一瞬一瞬の自分の体験を生きる」という、マインドフルネスの理念を共有している。そしてここには、認知行動療法ではあまり語られてこなかった生き方という視点が持ち込まれている。ただし、ACTは自らの価値にそった行動に焦点をあて、DBTでは自分にとって効果的に行動することや、活動や出来事に入り込むことを重視しており、これらは、自分にとって意味のある行動にコミットするという行動の側面を強調する点にさらなる特徴がある。

　一方、メタ認知療法や不安とうつの統一プロトコルは、症状への対応を目的としており、これらは、主にメタ的思考や感情などへの気づきを促すためのツールとして、マインドフルネスのアプローチを導入している。そして、スキーマ療法では、情動のコントロールを目的としてマインドフルネスのエクササイズを用いている。このように治療理論にマインドフルネスの視点を組み入れていない認知行動療法においても、マインドフルネスのアプローチが活用されるようになっている。

　2009年にハリントン（Harrington）は、認知行動療法とは異なる背景をもつマインドフルネスを認知行動療法に導入することに疑問を呈した。これは、異質なものであるマインドフルネスを安易に持ち込むことで、認知行動療法が一貫性のない「何でもあり」の療法になってしまうのでは、という危機感の表明であった。しかし、先述のようにMBCTやDBT、ACTにおいて、マインドフルネスは手軽に付け加えられたものではなく、治療理論のなかにも位置づけられている。その一方で、治療の考え方にマインドフルネスを含まない場合、マインドフルネスをどのように理解してどう用

いるのが適切で有効なのかという議論はまだ熟していない。

❷ ピュア・マインドフルネスと臨床マインドフルネスとの考え方の違い

　臨床マインドフルネスは症状緩和や治癒を目的としており，マインドフルネスをストラテジーとして意図的に適用することは，マインドフルネス本来の「今ここでの体験のありのままの気づきと受容」とは根本的に食い違うとされる（大谷, 2014）。マインドフルネスをベースとする MBSR や MBCT, そして，ACT や DBT などはマインドフルネスを単なる方略として用いているわけではないが，これらが心理療法，とくに認知行動療法である以上治療という目的があり，「食い違い」は存在することになる。

　興味深いことに MBCT では，「到達目標をもたないこと」を学ぶという説明がなされ（Segal et al., 2002 越川監訳, 2007），MBSR では，「ゴールに到達するための一番よい方法は，結果を急いでむやみに努力しようとしたりせずに，その瞬間の事柄に注意を集中し，それを受け入れる」ことだと述べられており（Kabat-Zinn, 1990 春木訳, 2007），これらの療法では，その食い違いから生じる矛盾を明示し，臨床のなかでこれを生かそうとしている。大谷 (2014) は，この矛盾を「方略的自然治癒（strategic spontaneous change）」と表現する。

　一方，標準的な認知行動療法と仏教に由来するマインドフルネスとでは，両者の考え方の隔たりはさらに大きくなる。認知行動療法はその原則（Beck, 2011 伊藤・神村・藤澤訳, 2015）に示されるように，目標志向的であり，「患者が非機能的な思考や信念を自ら把握，検討し，それらに対応できるように」，患者にも「治療への積極的関与」を求めつつ治療が進められる。つまり，具体的な目標を設定し，知的な理解の助けを借りて，治療における積極的な努力を行うということである。これは，MBSR の，「結果を急いでむやみに努力しようとしたりせずに」，「忍耐強く規則正しく取り組んでさえいれば，ゴールはおのずと近づいてくる」という考え方（Kabat-Zinn, 1990 春木訳, 2007）とは対照的であり，両者の違いをどう理解し，治療に位置づけるかは重要な課題である。

③ 標準的な認知行動療法にマインドフルネスを活用する際の視点

　標準的な認知行動療法にマインドフルネスのアプローチを導入することにより，介入の幅が広がると期待され，実際にそのような試みは始まっている。マインドフルネスの実践がクライエントに大きなインパクトを与えるのは，いったん自分のやり方を離れ，言葉による理解を超えたところに身を置くという経験にある。まず実践があり，それに基づいて体験的な理解が訪れるが，知的な理解がそれに先行できないことの意味は大きい。体験的な理解がその人のスキーマを変化させるきっかけとなり，思考の柔軟性が高まると考えられるが，それは認知行動療法の治療の方向性にそっている。
　マインドフルネス実践の基本となる体験へのオープンな態度，好奇心をもって自身の体験と向きあうという点は，標準的な認知行動療法の実証主義的な態度と共通しており，また，自身の体験への気づきを得ることは，この療法におけるセルフモニタリングの涵養とも一致する。しかし，マインドフルネスを治療理論のなかに位置づけていない認知行動療法において，マインドフルネスのアプローチを用いる場合，両者の基本的な考え方の違いを認識しておくことがまずは重要である。そして，変化を志向する認知行動療法のなかに，マインドフルネスを混ぜこもうとするのではなく，異なる方向性をもつマインドフルネスの実践を，認知行動療法に並べておくという位置づけがひとつ考えられる。基本的に認知行動療法には，クライエントが自分自身について知る段階と，変化に関わる段階とが含まれるが，例えば，マインドフルネスを「自分について知る段階」で用いるなど，変化とは別の文脈で導入することが想定される。スキーマ療法において伊藤 (2013) が実施しているように，スキーマ療法の本筋に入る前の「お膳立て」としてマインドフルネスに取り組む，というやり方が参考になる。
　いずれにせよ，標準的な認知行動療法にマインドフルネスを導入する際には，両者の違いを治療に生かしてこそ意味がある。標準的な認知行動療法へのマインドフルネスの活用はさまざまな視点から試みられているが，今後さらに研究や実践を積み重ね，議論を経て，日々の臨床に還元されることが期待される。

第7章 緩和ケアにおけるマインドフルネス導入の試み

日吉円順

第1節 緩和ケアにおける心理療法とマインドフルネス

「緩和ケア」という言葉を聞いて，連想されるものは何だろうか。もしかしたら，最近目にしたニュースを思い浮かべるかもしれないし，その言葉を聞くだけで身近な対象とのさまざまな離別の経験やそのときの記憶を想起し，悲しい気持ちや寂しい気持ちを抱いたりするかもしれない。または愛おしい対象とのかけがえのない思い出を懐かしみ，ほっと温かい気持ちになるなど，さまざまな感情や思考が自動的に思い起こされるかもしれない。不思議なもので，言葉には力があり，それによって我々の頭にはさまざまな感情や思考が浮かんできてしまう。それは自然な営みであるがゆえに，時にはそれによって悩まされることも少なくはない。マインドフルネスは，いわばその自然なる苦悩を緩和する一助になりうるかもしれない。

本章では，緩和ケアの臨床におけるマインドフルネスへの取り組みの一端について述べるとともに，マインドフルネスの可能性について考えていきたいと思う。

 緩和ケアの拡充と心理臨床

緩和ケアは，一般的に，余命幾ばくもない終末期や人生の最期，ターミナル期に行われるケアという意味合いで理解されているだろう。

しかしながら，「緩和」という言葉自体には，終末期という時間的意味はなく，厳しく緊張した状態を何らかの方法で和らげる行為という意味でし

かない。また，実のところ緩和ケアの定義においては，「がん患者とその家族が，可能な限り質の高い治療・療養生活を送れるように，身体的症状の緩和や精神心理的な問題などへの援助が，終末期だけでなく，がんと診断されたときからがん治療と同時に行われること」（厚生労働省）と明記されているとおり，ケアの対象を終末期に限定しているわけではない。さらにWHO（世界保健機構）では，「緩和ケアとは，生命を脅かす疾患による問題に直面している患者とその家族に対して，痛みやその他の身体的問題，心理社会的問題，スピリチュアルな問題を早期に発見し，的確なアセスメントと対処（治療・処置）を行うことによって，苦しみを予防し，和らげることで，クオリティ・オブ・ライフを改善するアプローチ」とも定義されている。もはやがん患者に限ったものではなく，がん以外の慢性疾患を抱えている人も含めた包括的な領域の対象へのケアといえるだろう。

　これらは，1960年代にイギリスでC. ソンダース（Saunders）が礎を築いたホスピスケア，ターミナルケアなどさまざまな臨床実践や研究の歴史的変遷を経て生み出されたケアである。したがって，現在の緩和ケアにおける臨床は，対象領域が拡充され，わが国の緩和ケアの現場では，心不全などの循環器疾患や，糖尿病，透析などの腎臓疾患，HIVをはじめとした感染症，認知症などの慢性疾患，またひいては疾患にかかわらず，老いという誰しもが直面する普遍的なテーマに関しても緩和ケアの対象になりうるとの視点が芽生え，徐々にではあるが臨床現場に浸透してきた印象を受ける。このような，多領域にわたる緩和ケアの提供が理想とされており，それらが遂行されるためには多職種から構成されるチームを設けることが望まれている。

　多職種から成る医療チーム，いわば緩和ケアチームには，精神・心理的な問題を扱う心理臨床家の設置が推奨されているのは言うまでもないが，心理臨床家の特色としては，主たる治療プロセスのいかんにかかわらず，いかなるタイミングにおいても継続して患者に関わることができるという側面があげられる。これは当然のようでいて医療では意外と珍しいことである。医療の進歩とともに，緩和ケアの対象になるような慢性期患者の治療プロセスは，以前にも増して長期化している。現代の医療現場では，疾病や症状ごとに治療場所，診療科や治療方法が細分化されており，それらを

包括的に見守る枠組みは少ないのではないだろうか。長い治療プロセスと日常生活を結び，日々育まれる獲得と喪失に随伴する心理臨床家が提供する心理療法の枠組みは非常に意義深く，時に現代医療が置き忘れてきたものを提供し，補完する可能性さえあると考える。

　また，エビデンスが支持されやすい現代で，可視化された事象のみを頼りに行動するのではなく，時にはさまざまなみえにくい事象や可能性を探求し，受容する柔らかい視点や力を獲得することも必要であろう。その方法のひとつとしてマインドフルネスがあげられる。東洋思想，仏教思想をもとにしたマインドフルネスは，古くて新しい気づきの種を我々にもたらす。この取り組みは現代社会，医療においても，新しい風を吹き込む意義深いものと思われる。

2　緩和ケアにおけるマインドフルネスと治療者

　さて，昨今マインドフルネスに関する研究実践は，国内外問わず増加してきている。しかしながら，緩和ケア領域におけるマインドフルネスの研究実践に限ると，国内ではいまだ十分ではなく，その報告の多くは海外で行われているといえる。

　代表的な海外の研究は，カナダで実施されたスペカら（Speca et al., 2000），カールソンら（Carlson et al., 2001）に端を発している。カールソンらは，がんと診断された89人の患者を対象にマインドフルネスストレス低減法（MBSR）グループセッションを行った。この研究では，MBSRセッションを実施した群が，統制群よりも約65％の気分状態の改善，約35％のストレス症状改善効果などが報告されている。またこれらの改善効果は，6ヵ月後のフォローアップ時にも持続していたことも興味深い。この研究により，マインドフルネスの実践が緩和ケア領域のがん患者においても気分およびストレス症状の改善をもたらすこと，それらの効果が介入終了後も数カ月にわたって持続することが示された。このようにがんをはじめとした慢性疾患患者へのMBSRの効果研究が進んできている。また，うつ病患者の再発予防プログラムとして開発されたマインドフルネス認知療法（MBCT）は，がん患者の抑うつ症状の軽減に応用され，さらには，主体性を取り戻すためのマインドフルネス芸術療法へ応用されるなど，その実践は多岐に

わたる。

　一方，海外で種々の研究が盛んに行われている現状と比較すると，わが国の緩和ケア領域における研究は，後塵を拝する状況かもしれない。その背景には，マインドフルネスが治療的枠組みとしてまだまだ医療現場に浸透していない現状（保険制度上の問題もある）と，緩和ケアの領域自体が倫理的な面において研究が難しいという点があるだろう。また，国内で実践例が少ない理由としては，①参加者の要因：日常生活動作（Activities of daily living）の低下の問題からグループプログラムの参加が難しいことや理解が得られにくいこと，②治療者の要因：実践には治療者側の習熟が求められるため，国内で十分な訓練を積んだ治療者が医療現場に少ない，また訓練施設が少ないこと，などもあげられるかもしれない。そうした状況のなか，2013年に本書の執筆者のひとりである越川房子のもとで設立された日本マインドフルネス学会は，治療者と研究者の養成，および主要な研究機関としての役割が期待されている。

　以上のような現状から，わが国の治療者は，国内外で開催されている治療者養成プログラムに参加し，マインドフルネスプログラムを実践，指導できるような正しい知識と技法を習得，訓練することが望まれるだろう。時にはセッションに関する指導（スーパーヴィジョン）を受けることも有用である。そして何よりも，日々の自身の準備や瞑想実践は必須事項であり，治療者として関わる際の土台となるものである。

第2節　緩和ケアにおけるマインドフルネス導入の試み

　さて本節では，主に緩和ケア臨床において，マインドフルネスの臨床場面へ適用した事例について記述する（事例は個人が特定されないように一部改変した）。ここでは，グループとしての関わりではなく個人セッションへの応用例をあげ，その関わりについて振り返りたいと思う。なお，〈　〉内が私のコメント，「　」内が患者のコメントである。

1　外来患者への個人セッション

　本事例は，緩和ケアの外来にて行われた実践例である。

Aさん（40代女性，乳がん）は，X-2年に胸のあたりのしこりを感じ，総合病院を紹介受診された際，主治医から進行がんの告知を受けた。乳腺外科の医師を中心に，約1年半にわたって手術前の化学療法，手術を経て，手術後の化学療法，放射線療法，ホルモン療法を行ってきた。告知を受けた際はショックで仕事も手につかないほどに不安を感じていたそうだが，幸いにも治療が奏功し乳がんの治療経過は順調であり，ホルモン療法にて経過観察中であったが，X-1年6月のある日，相談室を訪れた。

　来談された当初，不安げな表情で「胸のあたりがゾワゾワする」という身体的不快感と慢性的な強い不安感を訴え，仕事の継続が難しいという問題を抱えていた。また，同時に抑うつ感，不眠などの急性期症状を訴えていたため，精神腫瘍科医も併診した。精神腫瘍科医による薬物療法と並行して心理療法を開始した。約8カ月間，薬物療法と心理療法を続け，来談された当初から続く抑うつ感，不眠などの急性期症状は次第に緩和されていった。しかしながら，Aさんは胸部の違和感を引き続き抱えており，慢性的な強い不安感についてはさほど変化はみられなかった。X-1年11月，不安尺度のSTAIで測定したところ，本人の訴えどおり高値が認められた。処方薬の服用が漸減し，X年3月に精神腫瘍科を終診し，急性症状が緩和されてきた。そこで，Aさんは自ら薬剤に代わる心身の対処法を身につけたいとの希望を話されたため，現在抱えている不安症状の緩和と抑うつ状態の再発予防を目的に，X年3月にMBCTの個人セッションの実施に至った。病院の相談室にて同意書を取り交わしたあと，隔週で実施した。セッション内容は，MBCTプログラムで設定された内容を8回，フォローアップを2回実施した。セッション間は，瞑想法の資料とCDを渡し，各回に設定されたホームワークを課した。

　MBCT個人セッションで実施した各回のプログラムの内容・テーマについては表7-1のとおりである。ここでは代表的なセッションを取り上げていく。

　【#0：X年3月】　MBCTの説明

　MBCTプログラムを開始する前に，参加希望者に説明を行った。プログラム開始前の説明は，非常に重要である。ここでは，プログラム全体の参加動機の把握，プログラムに期待していることや目的，日常の課題などの

表7-1　MBCT個人セッションの内容

#面接回：年月	テーマ
#0：X年3月	MBCTの説明
#1：X年3月	尺度　自動操縦状態に気づく
#2：X年4月	うまくいかないとき
#3：X年4月	呼吸へのマインドフルネス
#4：X年5月	現在にとどまる
#5：X年5月	そのままでいる
#6：X年6月	思考は事実ではない
#7：X年6月	自分を大切にする
#8：X年7月	これからに生かす
1カ月後：X年8月	尺度　振り返り
3カ月後：X年10月	尺度　振り返り

アセスメントが可能である。セッションへの参加の際，今後自宅での瞑想練習を継続できるかどうか確認することは必須事項である。また，プログラムに関しては参加者の権利についても説明しなければならない。以上の事項について，Aさんは落ち着いて説明を受けたうえで了承された。

【#1：X年3月】　自動操縦状態に気づく，レーズンエクササイズ，短い呼吸法

初回は，レーズンエクササイズと短い呼吸法を実施する。レーズンエクササイズでは，Aさんが，興味深そうな表情でレーズンを眺めていたのが印象的であった。「面白かったです。普段，その味がどういうものか，というのを考えたことがなかったんですけど，口に入れてどんな味がするのかというのを考えているときにすごく複雑な味がして，あんまり日常にないようなものだなと思った」と新しい体験に比較的開かれた態度で向かうよう努力されていた。

「呼吸法もどのタイミングで吸ってどのタイミングで吐けばいいのか，自分でも調整がうまくいかなくて苦しくなってきたりした」と感想を述べており，〈物事をうまい or 下手，善い or 悪いと価値判断するのは自分の思考。体験，感覚を興味深く観察すること。自己の思考，身体，呼吸の状態に意識を向ける練習が大切〉と説明した。

【#2：X年4月】 ボディスキャン

ボディスキャンは，身体の瞬間瞬間の状態を把握するために練習する。胸部の不快感を訴えているため，身体の不快感へ興味深くアクセスすることに対し，「結構難しかったですね。脚に感覚を向ける。そのときは向けているつもりなんですけど。脚がしびれているな，かゆいな，とかまではわかるんですけれど，細かいところまではなかなか難しい」と語った。〈いろいろな思考が生まれてきて発見があります〉「そうですね。こういう新しい発見とかあるので新鮮で興味あります」とコメントされている。

【#3：X年4月】 見るマインドフルネス，坐瞑想など

心理室の廊下から外の公園の風景を眺めつつ，見るマインドフルネスを実施すると「ガタンと段差をベッドか何かが乗り越えるときの音と，看護師さんの声」が聞こえ，それをきっかけに以前の自身の入院，治療などの印象の悪い体験を想起して，音と記憶に意識が向いたことを報告されていた。意識が他の箇所に逸れたら，また目の前の風景を見ることに戻るように習慣化するまでは時間がかかるようだった。

また体験の感想を共有する際に「今やっている練習の感覚を覚えておかなきゃ，という気持ちにちょっとなっているなぁって自分で思いました」と語られ，体験後のフィードバックのこと，未来の事象に意識が向く傾向について気づかれていた。〈体験を無理に覚えておこうとする必要はないです。忘れてしまったらそれで構わない〉と返すと，安堵した様子で納得されていた。

【#4：X年5月】 聞くマインドフルネス，坐瞑想，マインドフルストレッチなど

坐瞑想のあと，「瞑想のなかで，肩甲骨の，右側の肩甲骨の奥のほうが少し痛いような……コリがあるような感じを今はじめて感じていて」と身体の微細な違和感を感じ，「手術をしたほうでもあるので，先生に，主治医に言ったほうがいいのかな？ とかちらっと思ったりした」と身体の感覚から自己の自動的な思考や不安が生まれていることに気づいていた。また，身体的違和感と思考を感じたあとは自身で呼吸のほうに再び意識を戻していく練習に集中している様子であった。

【#5：X年5月】 坐瞑想，ゲストハウスの詩，3分間呼吸空間法など

ホームワークのフィードバックにて，「最初の頃は呼吸を意識したりする

こと自体が新鮮で楽しんでいました。けれど，今回はホームワークをやるのが苦痛でした。おっくうな感じがして。やめようかなと思いながらやっていたり，早く終わらないかなと思いながらやっていた」とホームワークに関する否定的な意見が語られた。〈こういう習慣を学ぶのが大事だと思っている。ホームワークが全部できたからって不安になるかもしれない。すべて埋めるのが目的ではない。2週間空きなので，倍の練習をやっているので大変さを感じるのも無理もないし，しっかり取り組まれていると思っている〉とねぎらった。Aさんは安心され，否定的な体験も素直に語られる環境にその場が変わった印象を受けた。

【#6：X年6月】　坐瞑想，呼吸空間法など

坐瞑想のなかで「自分のくせで，自分でネガティブなことを掘り出してきて落ち込んだりするということを思い出していた。ネガティブ思考を思い浮かべると，寂しい気持ちになる。そのときに少し心臓がドキドキしたり，呼吸が小刻みになっているのに気づいた」と，思考と感情，身体感覚への微細な感覚に気づくようになっていた。「仕事のなかで早く早く，と自分を急かすように思ってしまう。なので，家で瞑想をすることが私自身にとってとても大切な時間だと思う」と，瞑想の時間を日常のなかに設けることの重要性を意識されている。

【#7：X年6月】　坐瞑想，うれしい活動とマスタリー感

「最近落ち着いて瞑想に向かえています。瞑想をやることによって何かが劇的に変わることはないので，前々回にはやってもなぁ……と思うところはあった。でも，瞑想をしない日が続くのと，やり続けているのではやっぱり違うなと感じた。とにかくやると気持ちが落ち着くし安定していると思う」と自宅で瞑想を重ねることの手応えを明確に感じておられた。

また，「仕事のとき，ぐわーと不安になるときはあるし，3分間呼吸空間法をしても不安な感じは残っているんです。でも，この毎日を続けていると全体で振り返って考えるとすごくよくなってると思っているんです。確かに瞬間の不安は変わらないけれど，この1週間の生活は今までの20年くらいのなかで一番精神状態がよいと思います」とコメントされ，一つひとつの事象に対する不安に過度に意識を向けず，生活全体を俯瞰して捉えているようであった。

【#8：X年7月】　マインドフルネスストレッチ，坐瞑想，
　　　　　　　これからの生活について

　これからの生活について，「日常生活のなかで意味不明な不安感が出てくると，瞑想をやっていないなと気づくようになった。やらないと前の状態に戻ってしまうのかもしれないので，続けたい」と日常を振り返り，Aさん自ら瞑想の時間の必要性を感じておられる様子であった。

　最後に「(マインドフルネスを体験することで) 自分がいかに自動的にいろいろ考えていて，その考えが自分の行動や日常のベースとなる心のもちようにとても大きな影響を与えているということがわかった。不安感の迷路にはまり込んで，どうやって出ればいいのかまったくわかりませんでしたが，マインドフルネスをきっかけに抜け出せたように思う」と，自己の自動思考についての気づきが得られるようになってきたことや，不安感の軽減についても言及されていた。また，瞑想実践も含め日常生活に具体的な習慣として取り入れていることを報告されていた。プログラムを最後まで終えられたことへの充実感を感じているようで，笑顔で振り返っていた。

【X年8月】　1カ月後フォローアップ

　「不安はあるんですけど，そこにあんまりとらわれていないんです。10年，15年前の不安のあまりなかった頃の自分と似ているのかな，って思うことがありました」と，冷静に日常を振り返っていた。

【X年10月】　3カ月後フォローアップ

　主に日常生活でどの程度マインドフルネス瞑想が継続できているか，またその難しさについて相談を行った。「安定して過ごせている。頭のなかに不安なことが浮かんできてもとらわれていないし，気になるときは短い呼吸法をはさんでいます。ほぼ毎日どこかのタイミングで瞑想しています。ミーティングの前とか緊張しそうなときに3分間呼吸法をしたり。全然違いますね。なんか劇的に。ありがとうございます」と報告されており，瞑想の実践頻度はおおむね保たれ，穏やかに過ごせていることが確認された。

❀　Aさんへの質問紙の結果

　#1のプログラムの開始前，#8の実施後，1カ月後フォローアップ時，3カ月後フォローアップ時に，以下4つの質問紙を施行した。

(1) STAI (Stait-Trait Anxiety Inventory):不安尺度
(2) POMS (Profile of Mood States) 短縮版:気分尺度
(3) HADS (Hospital Anxiety and Depression Scale):抑うつ,不安尺度
(4) FFMQ (Five Facet Mindfulness Questionnaire) 日本語版:マインドフルネス尺度

図7-1～7-4にその結果を示す。この結果から,本事例において,マインドフルネスの実践を契機に,身体的不快感と慢性的な不安が軽減したことが窺える。また,抑うつ感に関しても軽減しており,セッション後もこれらの効果はおおむね持続している。したがって,Aさんに対するMBCTのうつ状態の再発予防効果は確認されたのではないだろうか。以上により,個人セッションにおいてもマインドフルネスの修練,実践を続けることでグループと同等の効果を得られるのではないか,と推測される。

Aさんへの風景構成法の結果

また,心理相談来談時(X-1年6月),MBCT実施前(X-1年12月),MBCT終了3カ月後のフォローアップ時に,Aさんの自我状態を評価するために風景構成法を施行した(図7-5)。風景構成法とは,10個のアイテムがひとつの風景を構成するように,被験者によって描かれていくものである。

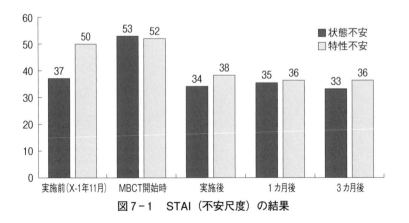

図7-1 STAI(不安尺度)の結果

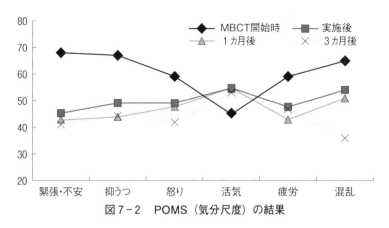

図7-2　POMS（気分尺度）の結果

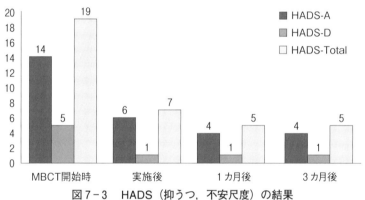

図7-3　HADS（抑うつ，不安尺度）の結果

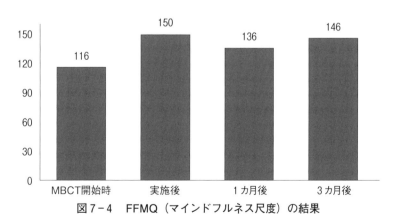

図7-4　FFMQ（マインドフルネス尺度）の結果

① 心理相談来談時（X-1年6月）

② MBCT実施前（X-1年12月）

③ MBCT終了3カ月後

図7-5　Aさんへの風景構成法

図7-5の③を①，②と比較すると，すべてのアイテムが彩り豊かに描かれている。①では，中央部に布置されていた印象的な大きな岩は，②では後ろのほうに遠ざけられていたが，③では自然な砂利となって沿岸に敷き詰められている。また，②までは描かれていなかった人や動物の表情が③にはあり，微細な動きを感じられる。さらに，以前まで空間を埋めるかのように描かれていた数多くの家や花，木が，バランスよくまたどっしりと描かれており，精神面の充実を感じさせられた。マインドフルネスセッションによって，さまざまな事柄に無垢なる好奇心や温かい気持ちで関わるという視点の重要性にAさん自身が気づき，瞑想の訓練を通して生活のなかに取り入れはじめたことで，彼女の人生に彩りを取り戻したのではないか，と推察される。
　フォローアップ後，これまで長い間苦しんでいた不安感との付き合い方がわかったとの感謝の言葉を述べるとともに，ほほえんだ自然な表情で挨拶され，帰路につく姿が印象的であった。

❷ 入院患者への個人セッション

　Bさん（40代女性，子宮がん）は，IT業界で多忙に働くオフィスワーカーである。しかしあるとき，母親が脳血管疾患で倒れ，それ以降仕事を離れ，長年母親に付き添い，ひとりで家族の介護に徹してきた。日々，仕事と介護に追われる生活を送り，体調不良により医療機関を受診したところ，根治が難しい進行がんの告知を受けた。彼女は約1年の間，入退院を繰り返しながら放射線療法と化学療法を継続しつつ社会性を保ってきたが，いよいよ病状が悪くなり入院した。身体的な痛みとともに，予後についての不安が大きく，X年8月精神科医とともに心理士の介入となった。
　初回心理面接導入時，Bさんはベッド上で横になり，「先日，なんとか外出して数時間自宅に帰ったんです。だんだんとできないことが多くなってきたのを感じました。私，家族，子どもがいないでしょう？　なので，自宅の売却手続きを進めないといけないのに。何かをやらなきゃ，やらなきゃという思いが強くなってしまっていて。そうなると胸もドキドキするし，いろいろ将来のことを考えだすと不安になってしまいます。心が弱いのかもしれない」と語られていた。今後のことについて不安になることは無理もない

ことや一つひとつできるように支援していく旨を伝え，落ち込んだり不安になったときの対処法として，マインドフルネス瞑想について紹介すると，笑顔で「瞑想法，やってみたいわ」と同意書にサインされた。

　週1回訪問し，身体面の負担を考慮し約20分の面接時間内で5～10分の短時間のマインドフルネス瞑想をともに行い，他の日はBさんご自身で瞑想のホームワークを練習するよう提案した。主なプログラムの実践内容としては，マインドフルネス瞑想の説明のあと，ボディスキャン，呼吸のマインドフルネスとして坐瞑想，仰臥位瞑想，3分間呼吸空間法などを行い，応用として数息観（坐禅の初学者の方略。呼吸に集中し数を数える手法）も併用している。

　【#1：Y年8月】　マインドフルネスについての説明と瞑想練習
　ベッド上坐位になり20分のボディスキャン。冒頭，「マインドフルネスなんて心が豊かになりそうなネーミングですね」と話しつつ，セッションを終えると「なんか，手のひらが温かくなりました。体温は変わらないかもしれない。けれど，何だか穏やかな気持ちとともに温かさを感じました」「できたらお薬飲まなくても自分で不安に対処できたらこれ以上ないですもの」と笑顔で感想を述べられている。〈はじめはなかなか難しい。けれど，続けていると何か感じるもの，気づくものが出てくるので一緒に続けてみましょう〉と支えた。

　【#2：Y年8月】　キャンセル
　訪問時，腹部の疼痛が強くセッションはお休みされた。
　「先生，マインドフルネス，眠れないときにやってみたの。あれをしていると落ち着いてくるわね」と一定の効果を感じている様子である。

　【#3：Y年8月】　15分の呼吸のマインドフルネス
　「先週はごめんなさい。先週末は自宅の売却手続きのこと，身体の痛みのストレスで気持ちを平静に保つのが大変でした。夜に呼吸法をしてみたら，私は考えていることがたくさんあるってことに気づいて…」〈それは大きな気づきではないでしょうか？　どんなことに？〉「そのことに気づいたら次第に落ち着いてきて眠ってしまいました。これをやると手のひらが温かくなってほっとするんですよ」とホームワークを実行した体験の振り返りをされつつ，思考への気づき，身体感覚，体験にも注目されている。

【#4:Y年9月】 10分の呼吸のマインドフルネス

瞑想実施後,「毎回そうなんですけどね,手が温かくなる。Hb(ヘモグロビン)が低いのに不思議ね。リラックスできた気がする。目をつむっているけれど,寝てはいないの。誰か来た?」〈お茶を置いていきました〉「気づかなかったわ。もともと物事に集中しやすいのよね」と途中,病棟の看護師がお茶を運んできたが気づかなかった様子である。3分間呼吸空間法と呼吸のマインドフルネスを週に4〜5回練習していることを熱心に報告され,継続されていることをねぎらう。

【#5:Y年9月】 呼吸のマインドフルネス

「先日も不安になったときとかダルいなぁってときにやってみているんです。そうすると少し楽になりますね。今日もお願いします」。3分間呼吸空間法を実施する。

実施後,「……いやぁ,今日はお腹のへっこんだり,ふくらんだりが久しぶりに感じられました。最近お腹のあたりの感覚が鈍かった。リラックスできますね。なんかお腹空いてきちゃった。うん,この感じ。この感じをめざして自分でやれたらな」と自身の身体感覚を確かめつつ,日々の自己練習との感覚の違いなどに言及している。〈瞑想の場合,あまり明確な目標を立てないほうがよいといわれます。達成できないとかえってつらくなる場合もある〉「そうですか〜,確かに。私は何かと追い求めてしまう性格なのかもしれない」〈無理をしないこと,理想は理想でよいけれど,そうでなくても受け入れるような練習が大切〉「はい,やってみます。でも,こうやって隣でガイドしてやってもらうほうがいいですね」と語られ,満足そうな表情で終えられた。

【#6:Y年9月】 呼吸のマインドフルネス

薬剤による処置も行われていたものの,特にこの週からは,がんによる身体的疼痛が強くなってきている印象を受けた。「今,呼吸法は身体が痛いときにやってみています。お腹が痛いときとか。看護師さんよんでお薬が来るのに少し時間がかかる。それまでの間にやってみているんです」〈それは素晴らしい工夫ですね。ご自身で思いついたのですか? いかがでしたか〉「気づいたのは,そのようなときはお腹ではなくて胸で呼吸しているってことに気づいたんです」と疼痛時の身体感覚の違いについて自身で気づ

きをつかんでいた。不安感の軽減以外に疼痛時に瞑想を利用しようとする意図がみえ，それによって身体の感覚の違いにも気づき，本人なりに満足感を得ているようであった。

【#7：Y年10月】 呼吸のマインドフルネス　数息観の提案

「夜，痛みで目が覚めるときがある。冷静さを保つのが難しいときもあって。看護師さんが忙しいときにお薬が届くまで時間かかってしまうこともあるの。だんだんと痛みが強くなってきて，10分，20分くらい気が遠くなりそうな激痛のなかで待ってることもある。そんなときに自分でできることはないかって思ってナースコールを押しながら自分で呼吸法をしています。早くきてって思うと痛みが強くなるから」。

自身の思考のいかんによって痛みが強くなることを感覚的に感じておられた。身体面の疼痛が強くなってきており，意識が痛みに向かいやすい印象を受ける。意識をより集中させるために，呼吸の数を数える瞑想を提案した。

【#8：Y年10月】 呼吸のマインドフルネス　数息観

病状が進行してきており，がん性疼痛がさらに強くなってきた様子である。「最近お腹が痛くなったときになかなかお薬が届かなかったり，効いてこなかったりするの。そんなときはぬいぐるみを握りしめながら，呼吸法をしてます。呼吸の数を数えるの，カジュアルなやり方で集中がしやすい」と1週間の実践をフィードバックされている。主に痛みの対処法に自身で変化させて使用している様である。

「私，もともと緊張しやすくて，つらいときとか痛いときに胸で呼吸してるみたいです。力が入ってる。夜中に痛みが出たとき，翌朝にリハビリの先生からも「背中がばきばきですよ」って言われるくらいだから。それがマインドフルネスをやると，最初は胸の呼吸の頻度が多いんだけど，少しずつ数を数えていくと，自然とお腹に息が入るときがある。そのお腹に息が入るときは少し痛みが楽になる瞬間があるの。お世辞じゃなくて本当に助かってるわ。呼吸が中心になってくるからなのかなぁ。それで客観的になれるのかしら？」と効果を感じておられる。

【#9：Y年10月】 呼吸のマインドフルネス　数息観

訪室すると，口紅を塗られていた。冒頭で短い瞑想を行うと「数かぞえ

る瞑想はいいね。(終えたあとに)色んなことに感謝できるわ」とコメントされる。日々の実践について問うと、「今日のこの時間まで生きられてがんばれてよかったとか。朝、明け方は数える瞑想をやっています。夜はこの日のことを振り返ったり、何考えているか見つめたり、というふつうの呼吸の瞑想です」〈朝の瞑想と夜の瞑想を変えているんですね〉「はい、数かぞえるほうは、数を忘れてしまって1に戻るところに罪悪感を覚えるときがあるけれど、次第にそれも慣れてきました。罪悪感を感じずにすむようになったわ。自分で自分を笑えるの。朝日覚めて生きていられるのを感じられる。息の数を数えることでそういうのを感じられるわ」と、振り返りながら、まるで自身の生命の鼓動に耳をすませているようであった。

※ 考察

Bさんは、その後X年12月に転院先の病院で息をひきとられたと聞く。Bさんは、お会いしはじめた当初は常に不安や焦燥感を感じておられる様子であったが、マインドフルネスに基づいた短い瞑想法をいくつかの方法で一緒に練習していくうちに、本人のなかで実践の方法を習得され、終末期にさまざまな気づきを得ていたようであった。がん性疼痛を抱えながら、マインドフルネス瞑想を行うことにより長く続いていた不安や焦燥感が軽減し、また疼痛のつらさにも対処を工夫されており、その効果を実感されていたようである。とくに、残されたご自身の生命の鼓動に耳を向け、意識を向けたときは、非常に多くの気づきを私に語りかけてくれた。終末期に多くのことに気づき、自身とあらゆる関係性に開かれていく体験は、慈悲(コンパッション)の生起とも捉えられるだろう。

❸ 非がんの入院患者への個人セッション

Cさん(60代女性、慢性心不全)は、長年病院で入退院を繰り返しつつ、慢性心不全、不整脈の治療を受けてきた方である。一時期、在宅ケアでの治療を受けていたが、体調が悪化したため急遽総合病院へ入院し、心不全の諸症状についての治療を行い、緩和ケアを受けることに決まった。病室では、「もうよくなることはないの。もう苦しいくらいなら死にたい」など、今後の治療や予後への不安を訴えるようになり、病棟で働く看護師から心理的な介入の依頼を受け、Cさんのもとを訪れることになった。

【#1：Z年11月】
　私が初めてベッドサイドへ訪問したとき，Ｃさんは呼吸が苦しそうで，肩で呼吸を行うようなときも見受けられた。「私の病気は，なかなか難しいみたい。もうよくはならないみたいです……」と，静かな声で語られつつ，循環器疾患の専門的な治療が必要になる旨を話されていた。また，数十年にもわたる慢性期疾患の治療経過をまるでご自身の人生史のように語られ，表情が徐々に柔和に変化していく様子が印象的であった。一方で，今後の療養予定の転院先病院がなかなか決まらず焦っておられた。もともと気丈な方で，Ｃさんご自身から「不安」という言葉では決して語られないものの，徐々に症状が強くなり終末期が近づいてきていることを感じているようだった。そこで，本人と相談し，少しでも気分の安定をはかるため，思考と身体と呼吸への意識づけの練習としてマインドフルネス瞑想を導入した。プログラムとしては，身体面の負担を考慮して３分間呼吸空間法と，数息観を提案した。

【#2：Z年11月】
　訪室すると，「…もう，いつも心臓のザワザワする音が散らばってる感じとか。ひどくなると，水飲んでも深呼吸しても収まってくれないんです。心臓の回路がめちゃくちゃになってる感じです」と身体のつらさを話されている。「先生からは，致死性ではないものと説明を受けるので，自然と収まるのを待つんです。手探りの状態。とにかく心房細動がとにかく収まるまで耐える。前までは耐えられていたけれど，限界も来ているかもしれません」と話され，脈拍と呼吸困難感など身体症状への密接な意識づけを感じられた。〈まずは深い呼吸ではなく，自然な呼吸を続けることをしてみましょうか。呼吸を数えてみることに意識を向ける方法もあります〉と２つの方法を提案した。

【#3：Z年12月】
　しかしながら，次の週に訪問すると，「息の数を数える方法，数息観やってみました。ですが，とても数が多くなってきて数えるのが大変で。そのうち苦しさを感じはじめてしまうので難しい」と，１週間のご自身で瞑想を行った結果，否定的な感想を発せられた。〈難しいのは数の量が増えるからでしょうか〉「そうです，数えていられない。数えているうちにわからなく

なる」とも答えられた。頻呼吸の場合，呼吸数が増えることで，数にとらわれてしまいやすく，結果ご本人の負担となる可能性も考えられる。

一方，Cさんは身体面に関しても，心房細動が頻繁に起きるなど，日ごとに全身状態の悪化がみられた。身体面のつらさが顕著になっているようであり，呼吸法の継続的な実践は難しい様子であった。上半身を使って呼吸をしているようであり，「まるで息ができなくて，溺れるようにつらい」と話されるほどであった。呼吸が頻回であり，意識が呼吸の乱れに向かい，乱れていると感じることから不安，焦燥感にもつながっているように見受けられた。したがって，無理に何かを行うことよりも，ただ，ただCさんの自然な呼吸に任せ続けること，〈今の状態でできるだけ自然な呼吸を続けていきましょう〉と伝え，傍らで静かにその様子を見守っていた。次第に，Cさんの険しい表情は収まってきたが，その瞬間は，大きな無力感を感じていた。私は，Cさんがこれまでの人生で感じ続けてきた，病いによるどうにも解消できないつらさや，さまざまな喪失の一端に触れたような気がした。

❦ 考察

呼吸困難感を訴えている患者の場合は，呼吸に対する教示には細心の注意を払う必要がある。また呼吸困難感や，疼痛，倦怠感など身体面における自律性を喪失している場合は，自身の身体感覚をコントロールすること，アクセスすることの難しさに気づくことがある。これらの身体的苦痛において，難しいという非常に強い自動的思考から距離をとれるような思考プロセスや習慣の獲得が必要であるが，獲得するには時間を要する。このような場合は，呼吸法の限界について配慮しつつ，個別の症状にそって慎重かつ綿密なプログラムを立てることが望まれるだろう。

第3節　緩和ケアにおけるマインドフルネスの展開

❶ グループセッションから個人セッションへ向かう際の留意点

以上のように，緩和ケアの臨床現場における，対象や環境を異にしたマインドフルネス瞑想の個人セッションの実践事例を掲示した。どの事例も私にとっては非常に深く考えさせられる事例となった。

通常，一般的なMBSRやMBCTをはじめとしたマインドフルネスの治療グループでは，意図的かつ明確な目的のもと集められた参加者に実施されることが多い。また，初回申し込み時の面接で，参加者に対して，辛抱強く続ける必要があること，即効性は期待できないこと，ほぼ毎日行うホームワークが課されること，などの説明が入念に行われ，それに同意することが難しい場合は参加を遠慮していただくこともありうる。それゆえ，グループの凝集性が高まり，ドロップアウト（途中離脱者）もさほど多くはならないのかもしれない。

　しかし，個人セッションの場合は，治療者と参加者という2者関係が前面に出やすくなるため，治療者は参加者の意志や継続の動機についてより配慮するべきである。例えば，体験に関して「どのように感想を言えばいいかわからない」，毎回課されるホームワークを「常に完璧に行わなければならない」など，さまざまな思考が湧き上がるなかで，参加者が気づいた体験や感想などが語られにくい場を設けてはならない。外来であれ，病棟であれ，いかなる環境であろうと，セッション時に参加者が抱いた一つひとつの体験が最も重要なのである。それらを常にていねいに，自然なかたちで迎え入れられるようなしなやかな治療の器を築いていくことが，治療者に求められることである。

❷ 緩和ケアを実践する医療者のためのマインドフルネス

　先に述べたしなやかな治療の器が提供されるには，治療者自身が日々心のしなやかさを保ち続けることが重要であると考える。さて近年，緩和ケア領域を中心に，マインドフルネスに関連したある活動が広がりをみせている。それは，医療者のためのマインドフルネス瞑想の実践である。現在，医療の現場において，病院，在宅，施設にかかわらず，多くの人間の死を看取る医療従事者の無力感や喪失感，バーンアウトが問題視されている。マインドフルネス瞑想の実践者であっても，長年緩和ケア領域で活動し続けることは，スピリチュアルな痛みとして自身の心に蓄積されていくのではないだろうか。

　この問題について大きな示唆を与えてくれるものに，長年，エリザベス・キューブラー-ロス（Elisabeth Kübler-Ross）らとともに，終末期医療のなかで

活動してきた禅僧ジョアン・ハリファックス（Joan Halifax）老師が体系づけた「死にゆく人とともにあること（Being with Dying）」プログラム，またそのエッセンスをまとめた GRACE プログラムがある．これらは，死をみとる医療者やその周囲の方々が死の過程に対して，どのように向き合っていくのか，また自己の内的・人格的な成長につなげられるか，という知見や死生観を養うプログラムである．GRACE とは，「Gathering Attention：身体や呼吸に注意を集中させること」，「Recalling Intention：(自己の) 意図を思い起こすこと」，「Attuning to Self/Others：自己と他者に波長を合わせること」，「Considering (what will serve)：何が一番役立つのか考えること」，「Engaging, Enacting, Ending：実際に関わり，実行し，それを終結させること」の頭文字をとった略称であり，それぞれ 5 つのプロセスから構成されている．慈悲（Compassion），赦しの瞑想をはじめ，さまざまなワークを通じて，緩和ケア領域で瞑想実践を行ううえで必要な智慧への気づきをもたらし，医療者ひいては患者の will being を支える土台となるだろう．

　本章では，緩和ケアにおけるマインドフルネスの導入を試み，現場の実践のなかで体験してきた事柄について述べた．マインドフルネス瞑想の実践は，海外から日本へ，仏教から医療へ，集団から個人へ，また患者対象から医療者対象へと，その場に適した多くの形態に応用され，展開され始めている．今後，わが国の文化として，本当の意味で定着するには長い時間を要するかもしれない．しかし，この視点のもとに一人ひとりの臨床実践が積み重なってゆくことが，その一助になれればと望んでいる．

第8章
高齢者の心理療法とマインドフルネス

———————————————————— 黒川由紀子

第1節　高齢者のこころと心理療法

1　高齢者のこころの課題

　日本は，世界一の高齢社会先進国である（内閣府，2016）。健康で長生きする指標，「健康寿命」も世界一である（WHO, 2016）。このことは，一朝一夕に達成できることではない。先人が，懸命に問いを立て，考え，学び，遊び，働いて叶ったことである。

　昔は，生まれて，遊んで，学んで，働いたら，人生が終わっていた（広井，2000）。今は，生まれて，遊んで，学んで，働いたあと，20年以上生きて，遊び，学び，働く可能性がある。高齢者はしがらみから解放され，自由を手に入れて，自分の時間をたくさん手にし，存分に遊び，楽しむことができる。十分に学ぶ時間がなかった高齢者にとっては，学びが最大の遊びかもしれない。地域めぐり，史跡ツアー，古典に親しむ教室，美術館の特別企画，パソコン教室，写真のクラスなどは，高齢者が集う場である。

　「遊ぶ」はずだったこの時期に，病気や障害をもつ高齢者もいる。大きな病気や障害をもたないまでも，視力や聴力の低下などの変化，高血圧，関節リウマチなど，いくつかの慢性疾患をもつことはふつうであり，若い頃に感じなかった不自由を感じる機会が増える。

　高齢者は人生の最終段階にあって，高齢期に伴う種々の困難な課題に向き合うことがある。健康状態，からだの変化，今の生活，将来の暮らし，

周囲の人との関係などに悩む。高齢者が向き合う困難な課題の代表は、大事な人を失う体験である。また、夫、妻、パートナー、兄弟姉妹、友人、仕事や家庭での役割、病気により健康を失うプロセスは、高齢者の生活に多大な影響を及ぼす。

一方、高齢者は種々の喪失体験を経て、自分の内面に向き合う。調子のよいとき、人は内面に向き合わない。困難を体感するとき、不調のとき、思うようにならないことが増えたとき、内なる問いが深まる。

「私はどこから来て、どこに向かっているのだろうか」
「からだが衰え、親兄弟友人が亡くなり、生きる意味があるのか」
「このまま死んでしまうのだろうか」
「死ぬといったいどうなるのだろうか」

高齢者の課題は、「生老病死」に関わる人間の根源的問題と深く関連する。「生きる」「弱る」「病む」「死ぬ」ことを問うことから、多くの哲学、宗教、芸術、科学、文化が生まれた。困難は創造、アイデアの母であり、高齢者は創造に向かう問いの宝庫である（キャンベルら, 2016）。しかしながら困難が創造のもととはいえ、高齢者がひとりでこころの問いに向き合い、答えをみつけることは難しい。こころに大きな影響を及ぼすからだの変化、種々の心配事や迷い、自分は何者なのか、死をどう迎えるかといった課題に向き合うために、心理臨床家が伴走者として傍らにあることに意味があるだろう。

2 高齢者に対する心理療法

高齢者に対する心理療法は、他の年齢層に対する心理療法と共通する基盤のうえに、高齢期の心身の変化やライフステージの固有の課題に対応して開発されてきた。かつて高齢者に対する心理療法は「あまり効果がない」と否定的にみられていたが、現在は高齢者に対する心理療法に「効果がある」とのエビデンスが蓄積された（McBee, 2008）。認知症の人に対しても、心理療法や心理的アプローチが有効とのエビデンスが示されている。認知症の行動心理症状（Behavioral and Psychological Symptoms with Dementia: BPSD）の対応に関するファーストチョイスは、薬物療法ではなく非薬

物療法であると,厚生労働省が定めている(日本神経学会,2010; 厚生労働省,2011)。薬を服用する前に,心理療法的アプローチを試みよというのである(表8-1)。

ところで,高齢者に対する心理療法にはどのようなものがあるのだろうか。また高齢者に心理療法を行う際に留意すべき事柄はあるのだろうか。

高齢者に対し,施行される心理療法としては,回想法・ライフレビュー(Butler, 1963; 野村,1998; 黒川,1994, 2005),音楽療法(北本,1992),絵画療法(中井,1984; Pike, 2013),コラージュ療法(森谷ら,1993),ダンス・セラピー(平井ら,2012),園芸療法(杉原,2005),動物介在療法(太場,2008),マイン

表8-1 認知症の治療について

(厚生労働省 第203回中央社会保険医療協議会資料)

(認知症やアルツハイマー病の予防や進行抑制)
健康的なライフスタイル(運動,栄養),積極的な社会参加,生涯にわたる脳の活性化等複数の領域を総合した介入が有効であろうと推定。

⇩

(認知症ケア,リハビリテーション)
- 認知症高齢者のケアの原則(理屈による説得よりも共感的納得を図り自覚言動を促す,等)に基づくことにより,BPSDの減少や認知症の進行抑制が指摘されている。
- 認知症の治療では,薬物療法を開始する前に,適切なケアやリハビリテーションの介入を考慮しなければならない。

⇩

(薬物療法)
- BPSDが高度でない場合はまず非薬物療法を試みてから薬物療法を考慮する。
- 認知症の症状には認知機能障害とBPSDがあり,特にBPSDでは適切な対応(薬物療法等)により症状が消失する可能性がある。
- 薬物療法開始後は有害事象のチェックを含めた定期的な再評価が重要。

⇩

(重度認知症対策)
- 多職種からなるチームにより,自宅や認知症に特化した施設において,なじみの環境や生活習慣をあまり変えることなく,医療と介護が継続的に受けられるよう援助することが推奨される。

「認知症疾患治療ガイドライン2010(日本神経学会)」より関係部分を引用

ドフルネス（Foulk et al., 2014）などがある。

認知症や認知障害のある高齢者に特化した心理療法，心理的アプローチとしては，パーソンセンタードケア（Kitwood, 1997），バリデーション（Feil, 1982），リアリティー・オリエンテーション（野村，1993；若松，1999），認知リハビリテーション（松田，2005），ユマニチュード（本田ら，2014）などがある（黒川，2005；日本神経学会，2010）（表8-2）。詳細は種々の文献にあたっていただきたい。これらの心理療法を施行するベースとして，高齢者の心理や特性に関する知識を身につけ，理解を深めることが前提となる。ここでは，高齢者の心理療法の留意点を表8-3に示す。

先に指摘したように，高齢者は自分の生きてきた人生の意味を問い直し，大事な他者との死別や自身の死との折りあいをつけ，衰退や障害を乗り越えるなど，ひとりで立ち向かうには大きすぎる心理的課題を抱える。こうし

表8-2　高齢者の心理療法

高齢者に用いられる主な心理療法（アプローチ）	認知障害のある高齢者に用いられる心理療法（アプローチ）
● 回想法・ライフレビュー	● パーソンセンタードケア
● 音楽療法	● バリデーション
● 絵画療法	● リアリティー・オリエンテーション
● コラージュ療法	● タクティール・ケア
● ダンス・セラピー	● 認知リハビリテーション
● 園芸療法	● ユマニチュード
● 動物介在療法	
● マインドフルネス	

表8-3　高齢者の心理療法の留意点

1	残された時間の有限性を認識する
2	他界した死者との関係がテーマとなることが少なくない
3	子孫とのつながりの実感が意味をもつことがある
4	人生のあらゆるステージの未解決の葛藤（unfinished business）が課題となる
5	生きられなかった自分を，「今，ここで」生き直す可能性がある
6	言葉の背後に，時の積み重ねに由来する奥行きがある
7	「する doing」と同時に，「ある being」を大事にする

た課題に向き合うことを余儀なくされる人が増える事実がある現在，高齢者に対する心理療法のニーズはますます高まるだろう。

3 高齢者のうつ病とマインドフルネス

　認知症と並んで問題となっているのが，高齢者のうつ病である（高橋，2006）。高齢者のうつ病は，認知症ほど注目を集めていないが，高齢でうつ病を患う人は，事例化しないケースも含め，少なくない。大事な人との死別，役割の喪失など，高齢期固有の喪失体験が背景にある例も多い。うつ病は，治療によりいったん軽快しても，再発する可能性が高い。高齢者において，うつ病の再発が繰り返されれば，自殺につながる可能性がある。自殺企図が既遂になりやすいリスクもある。

　そこで，高齢者のうつ病の再発予防，対処法を検討することが課題となる。本書で取り上げているマインドフルネス認知療法（MBCT）は，うつ病の再発予防に有効とのエビデンスが示されている。しかしながら，MBCTを高齢者に実践した例は多くなく，越川が序章で指摘したとおり，フォークによる臨床実践および研究は，この分野における最も先駆的なものといえよう。

　昨今，マインドフルネスは，日本でも頻繁に取り上げられるようになり，多くの論文や本が出版されている。これらの多くは，マインドフルネスを日常生活や仕事場面でのストレス低減に生かそうとするものである。日々の仕事や生活に仏教の修行手段としての呼吸法や座瞑想，ヨガの手法を取り入れるピュアマインドフルネスと，セラピーとして，マインドフルネスストレス低減法（MBSR）やMBCTを施行する臨床マインドフルネスは意味が異なる。大谷（2014, 2016）は，マインドフルネスの諸概念を整理し（表8-4，表8-5），ピュアマインドフルネスと臨床マインドフルネスの間には「大きな溝が横たわる」と指摘している。大谷は，ピュアマインドフルネスについて次のように述べる。共有すべきポイントと思われるので，以下に引用する。

　　マインドフルネスによる方略的治療，臨床マインドフルネスによる
　　治療は，意図的な自然治癒をめざすものであり，これはマインドフル

表 8-4　高齢者の心理療法とマインドフルネス（大谷，2014, p. 62）

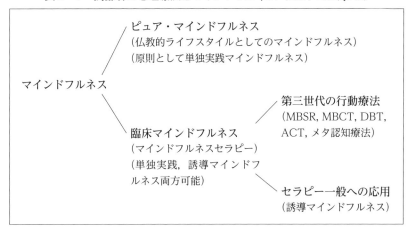

表 8-5　マインドフルネスと補助の有無（大谷，2014, p. 63 をもとに作成）

単独実践マインドフルネス (self-directed mindfulness)	自分ひとりで行う援助なしの実践
誘導マインドフルネス (guided mindfulness)	セラピストや音声資料などの援助を用いた実践

ネス本来の「今ここでの体験のありのままの気づきと受容」とは根本的に食い違います。クライエントがよく「何日くらいで効果を期待できますか」などと口にしますが，これは本来「あることモード」のマインドフルネスを「することモード」と混同することから生じた誤解です。
　　　　　　　　　　　　　　　　　　　　　　　　（大谷，2014）

　マインドフルネスを臨床に生かす際は，ピュアマインドフルネスと臨床マインドフルネスの矛盾を認識しておく必要がある。
　現在，日本で臨床にマインドフルネスを活用した研究や実践報告の多くは，認知療法やスキーマ療法など他のセラピーの一部にマインドフルネスを取り入れたものである。うつ病の治療としての構造化されたグループ MBCT などの報告はいまだ極めて限られている。今後の臨床実践，研究，あるいは従来の方法を踏まえた新たな技法の開発に期待するところである。

第2節 日本の高齢者にマインドフルネスを応用する可能性

1 日本の高齢者はマインドフルネスになじみやすい可能性がある

　高齢者は新しいものを取り入れることに対する抵抗があるといわれる。例えば，長年慣れ親しんできたレストラン，懐かしい音楽，使い慣れた化粧品のリピート率は高いが，新しい場所に行き，新しいものを取り入れることを躊躇する傾向がある。心理療法も例外ではない。心理療法になじみのない高齢世代が心理療法を受ける際のハードルは高い。

　しかし，一般的な心理療法には抵抗があっても，日本の高齢者は若年世代よりも仏教や瞑想に由来する振る舞いや文化になじみがあり，マインドフルネスを受け入れるベースがあると推察される。

　仏壇の前に静かに座り，亡き先祖に思いを馳せ，鈴を鳴らし，手を合わせ，頭を垂れる所作は，大部分の高齢者にとって長年からだに染みついた行為といえる。「自分にはそのような習慣がない」という比較的若い高齢者も，仏壇に水や供物をささげ，念仏を唱えることをルーティンとしていた両親や祖父母を見て育った。

　これらの所作は，大谷（2014）の指摘する「ピュアマインドフルネス」に基づく行為である。本書で取り上げたMBCTなどの「臨床マインドフルネス」は，欧米で創始され，他の多くの文化同様，逆輸入というかたちで日本に入ってきた。セラピストの誘導に基づいて行われる臨床マインドフルネスは，自分以外の他者の誘導により，意図的な目標をもち，効果を期待して行われるものである。

　ピュアマインドフルネスと臨床マインドフルネスは「似て非なるもの」と指摘される。しかし，両者が異なるものだとしても，ピュアマインドフルネスになじみのある日本の高齢者は，長年の生活習慣や文化を背景に，臨床マインドフルネスを受け入れる素地がある。また，一般に日本の高齢者は先述の「することモード」に比し，マインドフルネスが重視する「あることモード」を大切にする素養があると思われる。彼らが生きた時代には，

人を押しのけて競争に勝ち「達成する」ことよりも，自然を尊び先祖を敬い他者に礼を尽くし，慎ましく「あること」が奨励されてきた。

これらの点から，日本の高齢者はマインドフルネスになじみやすい可能性がある。

❷ 高齢者が日常生活のなかで，無理なく取り入れることができる

マインドフルネスは，高齢者が日々の暮らしのなかに無理なく取り入れることができる点で有用である。日々の暮らしの所作，振る舞いのなかで，「今，ここでしていること」に注意を向けて気づく練習をすることで，ネガティブな感情の支配から自由になる。

マインドフルに意識的に呼吸すること，歩くこと，食べることのエクササイズは，MBCT のプログラムに導入されている。歩くこと，食べることは，人間が，年齢，性別，文化などの背景を問わず，日々実践することである。

これに加え，洗面，歯磨き，ひげ剃り，着替えなどの日常生活動作，掃除，皿洗い，料理，洗濯といった家事，運転，バイキングなどの移動時にもマインドフルネスのトレーニングを取り入れることができる。

「皿洗いに時間をとられてマインドフルネスのトレーニングができない」とつぶやく人は，皿洗いや家事を行うときにマインドフルネスの練習をすることができる。「掃除が忙しくてできない」という人は，掃除のときをマインドフルネスのトレーニングに活用することができる。

花を活ける華道，茶をたてる茶道，香をきく香道などは，マインドフルネスの姿勢を磨くために有用である。

ひとりで行う単独マインドフルネスは，日常生活のあらゆるシーンで応用することができる。しかし，何の導きもなしにひとりで行うことは難しい。セラピストや導き手による臨床マインドフルネスグループに参加し，トレーニングを受けてから，単独マインドフルネスを実施することが望ましい。

❸ マインドフルネスが老化抑制につながる可能性がある

貝谷ら（2016）は，マインドフルネスによって生じる変化を認知面，情動面，行動面，生理学的機序から論じている。認知面の変化としては，マイ

ンドフルネスにより，さまざまな内的・外的感覚や，そこから生じる認知を操作しようとせず，ありのままに受容できるようになる。情動面の変化としては，現実をありのままに受け止められるようになることで，ネガティブな認知と感情の悪循環が断ち切られ，情動をそのままにやり過ごすことができるようになる。行動面の変化としては，気づきの高まりと受容により，認知，情動面が変化し，症状の改善に自分から取り組もうとする行動が促進される。多くの先行研究で，食事，運動，服薬のセルフケア行動が改善し，身体疾患のコントロールが良好になったことが報告されている。さらに，生理学的な機序として，マインドフルネスの実践により，交感神経活動が抑制され，コルチゾール値（免疫力低下や血糖値上昇を引き起こすホルモン）が低下することが報告されており，さまざまなストレス反応が患者のコントロール下に入りやすくなる可能性を指摘している。また，大谷（2014）は，さまざまな脳機能画像研究により，注意，情動調整，身体感覚，自己体験などと関連する脳領域に，マインドフルネスの効果が科学的に証明されつつあると指摘する。また，瞑想を習慣として行っている人では，加齢に伴う脳の白質病変の度合いが少ないことが過去の研究で確かめられているが，ルーダーズら（Luders et al., 2015）は，瞑想が神経細胞を含む脳の灰白質を保護する可能性を示唆した。

　これらの言説によれば，マインドフルネスが，老化抑制に影響する可能性が示唆される。老化を抑制したいとの願いは，多くの高齢者が自然に抱くものである。

　しかしながら，マインドフルネスは老化にあらがうことを促進することを目的としない。むしろ老化していく自身の変化を認め，「今，この瞬間」の自分の状態を価値判断なく気づくことが重視される。そのように考えると，老化予防，抑制を過度に求める方向性は，マインドフルネスがめざすありようとは矛盾することに留意する必要がある。

　老化をネガティブなものとして抵抗する方向性と，老いによる変化のきざしに気づき受け止める方向性の間で日々揺らぐ高齢者に伴走することは，マインドフルネスの内包する，一見矛盾とも受け取れる多様な方向性をあらためて問い直すことにつながる。

❹ マインドフルネスは，高齢者が終末期まで生かすことができる

　マインドフルネスは，人が終末期まで行う可能性のある，稀有な心理療法である。

　人間が最期を迎えることを「息をひきとる」という。この表現が示すように，人間は終わりの瞬間まで息をする。息を吸って，息を吐く状態を「生きている」という。呼吸を手がかりとするマインドフルネスは，生きている限り手がかりを手放さないですむ方法である。そして，ピュアマインドフルネスであれ臨床マインドフルネスであれ，単独実践ならば自分ひとりでも実践できる。

　予防医学研究者である石川は，

> マインドフルネスは「気づきのトレーニング」であり，「心のメンテナンス」である。今までにやってきたことをもとに，視点を変えて注意を向けるので実践しやすく，ネガティブな感情にも注意を向ける点もバランスがいい。マインドフルネスを取り入れることで，「今」を充実することができ，「今この瞬間に，自分はどこに注意を向けるのか」について考える事ができる。　　　　　　　　　　　（石川，2016）

と指摘する。石川が指摘するように，マインドフルネスは一定の訓練や体験を積めば，治療場面に限らずあらゆるシーンで人が生涯応用することができる。終末期の人には，「私が幸せでありますように」「私の親しい人が幸せでありますように」「私の嫌いな人が幸せでありますように」など自他の幸福を願い，苦しみを緩和しようとする「慈悲の瞑想」が有効との指摘もある。

　マインドフルネスでは日々「今この瞬間に気づく」ことを呼吸を主たる手がかりとして身につける。呼吸を手がかりとする一生使える「心のメンテナンス」の方法が，東洋の知恵の産物であろう。

第3節　おわりに
＊　＊　＊

　高齢者がそれぞれの心身の状況や場に応じて生かすことができる方法と

して，マインドフルネスの有する意義は大きい。大谷（2017）が指摘するように，正しい知識の伝達をベースに，資格認定制度や倫理要綱が確立され，質の高いリサーチが発信されることが求められる。

　今後は，高齢者にフィットするオリジナルな方法が，日本から世界に向かって発信されることが期待される。また2時間8セッションの構造化されたグループは，一部の高齢者には負担が大きい。高齢参加者の心身の状況に応じた構造や枠組み，終末期の患者に対するマインドフルネスの方法の検討が待たれる。

文 献

序 章

雨宮怜・坂入洋右（2015）．スポーツ競技者のアレキシサイミア傾向とバーンアウトに対する抑制因としてのマインドフルネスの役割．スポーツ心理学研究, 42, 81-92.

Chien, W. T. & Thompson, D. R. (2014). Effects of a mindfulness-based psycho-education programme for Chinese patients with schizophrenia: 2-year follow-up. *The British Journal of Psychiatry*, 205, 52-59.

Haruki, Y., Ishii, Y., & Suzuki, M. (1996). *Comparative and psychological study on meditation*. Delft: Eburon.

Hayes, S. C., Follette, V. M., & Linehan, M. M. (Eds) (2004). *Mindfulness and acceptance: Expanding the cognitive-behavioral tradition*. New York: Guilford Press. 春木豊（監修），武藤崇・伊藤義徳・杉浦義典（監訳）（2005）．マインドフルネス＆アクセプタンス――認知行動療法の新次元．ブレーン出版．

日吉円順・黒川由紀子（2015）．終末期におけるマインドフルネスに関する文献的研究．上智大学心理学年報, 39, 31-41.

池埜聡（2014）．マインドフルネスとソーシャルワーク．人間福祉学研究, 7, 81-98.

池埜聡（2016）．少年院矯正教育へのマインドフルネス導入をめぐる実践および研究課題．人間福祉学研究, 9, 67-89.

Ishikawa, H., Mieda, T., Oshio, A., & Koshikawa, F. (2017). The relationship between decentering and adaptiveness of response style in reducing depression. *Mindfulness*, DOI 10.1007/s12671-17-0797-8.

伊藤絵美（2017）．ケアする人も楽になるマインドフルネス．訪問看護と介護, 22, 182-186.

井沢功一朗（2000）．境界性人格障害の認知行動療法――リネハンの弁証法的行動療法．現代のエスプリ, 392, 192-200.

Kabat-Zinn, J. (1990). *Full catastrophe living*. New York: Delacorte Press. 春木豊（訳）（2007）．マインドフルネスストレス低減法．北大路書房．（『生命力がよみがえる瞑想健康法――"こころ"と"からだ"のリフレッシュ』〈実務教育出版，1993年刊〉の復刊）

木甲斐智紀・坂本大河・玉榮伸康・平仲唯・伊藤義徳・笹良剛史・栗山登至

(2015). ホスピス緩和ケアに従事する支援者のためのマインドフルネストレーニングプログラムの開発と効果の検討 その1．日本認知・行動療法学会大会プログラム抄録集, 41, 358-359.

越川房子（2014）．日本の心理臨床におけるマインドフルネス——これまでとこれから．人間福祉学研究, 7, 47-62.

越川房子・近藤育代（2017）．マインドフルネスを中核とするプログラム．特集I 多様化する双極性障害への治療アプローチ．精神科, 30, 209-306.

小杉哲平（2016）．高齢者とマインドフルネス．精神科, 28, 379-383.

熊野宏昭（2016）．今注目される，マインドフルネスとは何か．中央公論, 130, 92-99.

Kwee, M. G. T., Gergen, K. J., & Koshikawa, F. (Eds) (2006). *Horizons in Buddhist psychology: Practice, research and theory.* Chagrin Falls, OH: Taos Institute.

Linehan, M. M. (1993). *Cognitive-behavioral treatment of borderline personality disorder.* New York: Guilford press. 大野裕（監訳）（2007）．境界性パーソナリティ障害の弁証法的行動療法．誠信書房．

永井宗臨・灰谷知純・川島一朔・熊野宏昭・越川房子（2016）．短期間のマインドフルネス呼吸法実習が注意機能と体験の回避に与える影響．マインドフルネス研究, 1, 7-11.

野村和孝・安部尚子・島田洋徳（2016）．累犯刑務所におけるマインドフルネス方略と目標設定に焦点をあてた集団認知行動療法プログラムが覚せい剤再使用リスクの高い累犯受刑者に及ぼす影響．犯罪心理学, 54, 13-29.

大江由香・亀田公子（2015）．犯罪者・非行少年の処遇におけるメタ認知の重要性——自己統制力と自己認識力，社会適応力を効果的に涵養するための認知心理学的アプローチ．教育心理学研究, 63, 467-478.

大賀英史・米山民恵・斎藤康裕・岩田祥吾（2015）．幼稚園と保育園の5歳児のためのマインドフルネスとソーシャルキャピタルに基づく食育プログラムの評価．食生活研究, 35, 308-321.

奥田弘美（2017）．ストレス耐性の高い心をつくる——職場で実践できるマインドフルネス．産業保健と看護, 9, 73-75.

Segal, Z. V., Williams, J. M. G., & Teasdale, J. D. (2002). *Mindfulness-based cognitive therapy for depression: A new approach to preventing relapse.* New York: Guilford Press. 越川房子（監訳）（2007）．マインドフルネス認知療法——うつを予防する新しいアプローチ．北大路書房．

Segal, Z. V., Williams, J. M. G., & Teasdale, J. D. (2013). *Mindfulness-based cognitive therapy for depression.* 2nd ed. New York: Guilford Press.

高橋美保（2015）．マインドフルネスサイレントリトリートの体験過程．東京大学大学院教育学研究科紀要, 55, 303-315.

田中圭介・杉浦義典(2015). 実行機能とマインドフルネス. 心理学評論, 58, 139-152.

土屋政雄・馬ノ段梨乃・北條理恵子(2017). ストレス症状低減と生産性向上のためのセルフケア——マインドフルネスとアクセプタンスに基づく教育. 労働安全衛生研究, 10, 19-23.

土屋静馬・高宮有介(2014).「マインドフルネス」とセルフケア教育への取り組み——オーストラリア・Monash 大学の教育プログラム. 緩和ケア, 24, 479-481.

山川修(2017). 教育に活かすマインドフルネス. 情報処理:情報処理学会誌, 58, 64-67.

山下歩・蓑﨑浩史・西川真生・森彩香・嶋田洋徳(2015). 不注意および多動・衝動的行動を示す児童に対するマインドフルネストレーニングの効果. 人間科学研究, 28, 225-235.

吉村仁(2016). 矯正領域におけるマインドフルネスの現状と課題. 貝谷久宜・熊野宏明・越川房子(編著). マインドフルネス——基礎と臨床, 日本評論社, pp. 249-263.

Willams, M., Teasdale, J., Segal, Z., & Kabat-Zinn, J.(2012). *The Mindful way through depression: Freeing yourself from chronic unhappiness*. New York: Guilford Press. 越川房子・黒澤麻美(訳)(2012). うつのためのマインドフルネス実践——慢性的な不幸感からの解放. 星和書店.

第1章
***

Berk, L., van Boxtel, M., & van Os, J.(2016). Can mindfulness-based interventions influence cognitive functioning in older adults?: A review and considerations for future research. *Aging Mental Health*, 21, 1113-1120.

Burke, W. J., Roccafourte, W. H., & Wengel, S. P.(1991). The short form of the Geriatric Depression Scale: A comparison with the 30-item form. *Journal of Geriatric Psychiatry and Neurology*, 4, 173-178.

Chiesa, A. & Serretti, A.(2011a). Mindfulness based cognitive therapy for psychiatric disorders: A systematic review and meta-analysis. *Psychiatry Research*, 187, 441-453.

Chiesa, A. & Serretti, A.(2011b). Mindfulness-based interventions for chronic pain: A systematic review of the evidence. *Journal of Alternative and Complementary Medicine*, 17, 83-93.

de Vibe, M., Bjørndal, A., Tipton, E., Hammerstrøm, K. T., & Kowalski, K.(2012). Mindfulness based stress reduction(MBSR)for improving health, quality of life and social functioning in adults. *Campbell Systematic Reviews*, 3, 1-27.

Fjorback, L. O., Arendt, M., Ørnbøl, E., Fink, P., & Walach, H.(2011). Mindfulness-based stress reduction and mindfulness-based cognitive therapy: a systematic review of randomized controlled trials. *Acta Psychiatr Scand*, 124, 102-119.

Geiger, P. J., Boggero, I. A., Brake, C. A., Caldera, C. A., Combs, h. L., Peters, J. R., & Baer, R. A. (2016). Mindfulness-based interventions for older adults: A review of the effects on physical and emotional well-being. *Mindfulness*, 7, 296-307.

Germer, C. K. (2005). Teaching mindfulness in therapy. In C. K. Germer, R. D. Siegel, & P. R. Fulton (Eds.), *Mindfulness and psychotherapy* (pp. 113-129). New York: Guilford Press.

Hölzel, B. K., Lazar, S. W., Gard, T., Schuman-Olivier, Z., Vago, D. R., & Ott, U. (2011). How does mindfulness meditation work?: Proposing mechanisms of action from a conceptual and neural perspective. *Perspectives on Psychological Science*, 6, 537-559.

Ingersoll-Dayton, B. & Campbell, R. (Eds.) (2001). *The delicate balance: Case studies in counseling and care management for older adults*. Baltimore, MD: Health Profession Press. 黒川由紀子（日本語版監修），望月弘子（訳）(2004). 高齢者のカウンセリングとケアマネジメント．誠信書房.

Johnstone, M. (2012). *Quiet the Mind*. London: Robinson Publisher.

Kabat-Zinn, J. (1990). *Full catastrophe living: Using the wisdom of your body and mind to face stress, pain, and illness*. New York: Delacorte Press. 春木豊（訳）(2007). マインドフルネスストレス低減法．北大路書房.

Kristeller, J., Baer, R., & Quillian-Wolever, R. (2006). Mindfulness-based approaches to eating disorders. In R. Baer (Ed.), *Mindfulness-based treatment approaches: Clinician's guide to evidence base and applications* (pp. 75-91). Boston, MA: Academic Press.

Kurth, F., Luders, E., Wu, B., & Black D. S. (2014). Brain Gray Matter Changes Associated with Mindfulness Meditation in Older Adults: An Exploratory Pilot Study suing Voxel-based Morphometry. *Neuro*, 1, 23-26.

Kuyken, W., Byford, S., Taylor, R. S., Watkins, E., Holden, E., White, K., & Mullan, E. (2008). Mindfulness-based cognitive therapy to prevent relapse in recurrent depression. *Journal of Consulting and Clinical Psychology*, 76, 966-978.

Lazar, S. W., Kerr, C. E., Wasserman, R. H., Gray, J. R., Greve, D. N., Treadway, M. T., & Benson, H. (2005). Meditation experience is associated with increased cortical thickness. *NeuroReport*, 16, 1893-1897.

Linehan, M. (1993a). *Cognitive-behavioral treatment of borderline personality disorder*. New York: Guilford Press.

Linehan, M. (1993b). *Skills training manual for treating borderline personality disorder*. New York: Guilford Press.

Linehan, M. M., Armstrong, H. E., Suarez, A., Allmon, D., & Heard, H. L. (1991). Cognitive-behavioral treatment of chronically parasuicidal borderline patients. *Archives of General Psychiatry*, 48, 1060-1064.

Ludwig, D. S. & Kabat-Zinn, J. (2008). Mindfulness in medicine. *Journal of the American Medical Association*, 300, 1350-1352.

Ma, S. H. & Teasdale, J. D. (2004). Mindfulness-based cognitive therapy for depression: Replication and exploration of differential relapse prevention effects. *Journal of Consulting and Clinical Psychology*, 72, 31-40.

Nolen-Hoeksema, S. & Morrow, J. (1991). A prospective study of depression and post traumatic stress symptoms after a natural disaster: The 1989 Loma Prieta earthquake. *Journal of Personality and Social Psychology*, 61, 115-121.

Piet, J. & Hougaard, E. (2011). The effect of mindfulness-based cognitive therapy for prevention of relapse in recurrent major depressive disorder: A systematic review and meta-analysis. *Clinical Psychology Review*, 31, 1032-1040.

Roemer, L., Orsillo, S. M., & Salters-Pedneault, K. (2008). Efficacy of an acceptance-based behavior therapy for generalized anxiety disorder: Evaluation in a randomized controlled trial. *Journal of Consulting and Clinical Psychology*, 76, 1083-1089.

Rumi, J. (1995). *The essential Rumi*. C. Barks, & J. Moyne (Trans.). New York: HarperCollins.

Segal, Z. V., Bieling, P., Young, T., MacQueen, G., Cooke, R. L., Martin, L., & Levitan, R. D. (2010). Antidepressant monotherapy vs sequential pharmacotherapy and mindfulness-based cognitive therapy, or placebo, for relapse prophylaxis in recurrent depression. *Archives of General Psychiatry*, 67, 1256-1264.

Segal, Z. V. & Ingram, R. E. (1994). Mood priming and construct activation in tests of cognitive vulnerability to unipolar depression. *Clinical Psychology Review*, 14, 663-695.

Segal, Z. V., Williams, J. M. G., & Teasdale, J. D. (2002). *Mindfulness-based cognitive therapy for depression: A new approach to preventing relapse*. New York: Guilford Press. 越川房子（監訳）(2007). マインドフルネス認知療法――うつを予防する新しいアプローチ．北大路書房．

Segal, Z. V., Williams, J. M. G., & Teasdale, J. D. (2013). *Mindfulness-based cognitive therapy for depression*. 2nd ed. New York: Guilford Press.

Smith, A. (2006). Like waking up from a dream: Mindfulness training for older people with anxiety and depression. In R. Baer (Ed.), *Mindfulness-based treatment approaches: Clinician's guide to evidence base and applications* (pp. 191-

216). Boston, MA: Academic Press.

Smith, A., Graham, L., & Senthinathan, S. (2007). Mindfulness-based cognitive therapy for recurring depression in older people: A qualitative study. *Aging & Mental Health*, 11, 346-357.

Vollestad, J., Nielsen, M. B., & Nielsen, G. H. (2012). Mindfulness- and acceptance-based interventions for anxiety disorders: A systematic review and metaanalysis. *British Journal of Clinical Psychology*, 51, 239-260.

Witkiewitz, K., Marlatt, G. A., & Walker, D. (2005). Mindfulness-based relapse prevention for alcohol and substance use disorders. *Journal of Cognitive Psychotherapy*, 19, 211-228.

第2章
＊＊＊

Bjelland, L., Dahl, A. A., Haug, T. Tl., & Neckelmann, D. (2002). The validity of the Hospital Anxiety and Depression Scale: An updated literature review. *Journal of Psychosomatic Research*, 52, 69-77.

Butler, R. N. (1963). The life review: An interpretation of reminiscence in the aged. *Psychiatry*, 26, 65-75.

Foulk, M. A., Ingersoll-Dayton, B., Kavanagh, J., Robinson, E., & Kales, H. C. (2014). Mindfulness-based cognitive therapy with older adults: An exploratory study. *Journal of Gerontological Social Work*, 57, 498-520.

Jenkins, C. D., Stanton, B. A., Niemcryk, S. J., & Rose, R. M. (1988). A scale for the estimation of sleep problems in clinical research. *Journal of Clinical Epidemiology*, 41, 313-321.

Kabat-Zinn, J. (1990). *Full catastrophe living: Using the wisdom of your body and mind to face stress, pain, and illness.* New York: Delacorte Press. 春木豊（訳）（2007）．マインドフルネスストレス低減法．北大路書房．

黒川由紀子（2005）．回想法．誠信書房．

Nolen-Hoeksema, S. & Morrow, J. (1991). A prospective study of depression and post traumatic stress symptoms after a natural disaster: The 1989 Loma Prieta earthquake. *Journal of Personality and Social Psychology*, 61, 115-121.

Segal, Z. V., Williams, J. M. G., & Teasdale, J. D. (2002). *Mindfulness-based cognitive therapy for depression: A new approach to preventing relapse.* New York: Guilford Press. 越川房子（監訳）（2007）．マインドフルネス認知療法──うつを予防する新しいアプローチ．北大路書房．

Segal, Z. V., Williams, J. M. G., & Teasdale, J. D. (2013). *Mindfulness-based cognitive therapy for depression.* 2nd ed. New York: Guilford Press.

Smith, A. (2006). Like waking up from a dream: Mindfulness training for older people with anxiety and depression. In R. Baer (Ed.), *Mindfulness-based treatment approaches: Clinician's guide to evidence base and applications* (pp. 191-216). Boston, MA: Academic Press.

Wancata, J., Alexandrowicz, R., Marquart, B., Weiss, M., & Friendrich, F. (2006). The criterion validity of the Geriatric Depression Scale: A systematic review. *Acta Psychiatrica Scandinavica*, 114, 398-410.

Yesavage, J. A., Brink, T. L., Rose, T. L., Lum, O., Huang, V., Adey, M., et al. (1983). Development and validation of a geriatric depression screening scale: A preliminary report. *Journal of Psychiatric Research*, 17, 37-49.

Zigmond, A. S. & Snaith, R. P. (1983). The hospital anxiety and depression scale. *Acta Psychiatrica Scandinavica*, 67, 361-370.

第 3 章
* * *

Alzheimer's Association (2016). Alzheimer's disease facts and figures. *Alzheimer's & Dementia*. https://www.alz.org/documents_custom/2016-facts-and-figures.pdf

Alzheimer's, Dementia, Patient & Caregiver Powered Research Network (ADPCPRN) (2016). http://www.alzheimerspcprn.org/about-us

Bryen, C. (2005). *Dancing with Dementia: My Story of Living Positively with Dementia*. London: Jessica Kingsley Publishers.

Dioquino, Y. W. J., Manteau-Rao, M., Peterson, K., & Madison, C. A. (2016). Preliminary findings from a study of mindfulness-based dementia care (MBDC) training: A method to enhance dementia caregiver well-being. *Alzheimer's & Dementia: The Journal of the Alzheimer's Association*, 12, 605.

Epel, E., Blackburn, E. H., Lin, J., Dhabhar, F. S., Adler, N. E., Morrow, J. D., & Cawthon, R. M. (2004). Accelerated telomere shortening in response to life stress. *Proceedings of the National Academy of Sciences of the United States of America*, 101, 1731112-5.

Hoblitzelle, O. (2010). *Ten thousand joys & ten thousand joys: A couple's journey through Alzheimer's*. New York: TarcherPerigee Books (Penguin Group USA).

Hölzel, B. K., Carmody, J., Vangel, M., Congleton, C., Yerramsetti, S. M., Gard, T., & Lazar, S. W. (2011). Mindfulness practice leads to increases in regional brain gray matter density. *Psychiatry Research*, 191, 36-43.

Jacobs, B. & Mayer, J. (2016). *Meditations for caregivers: Practical, emotional, and spiritual support for you and your family*. Philadelphia, PA: De Capo Press.

Jacobs, T. L., Epel, E. S., Lin, J., Blackburn, E. H., Wolkowitz, O. M., Bridwell, D. A., Zanesco, A. P., Aichele, S. R., Sahdra, B. K., MacLean, K. A., King, B. G., Shaver, P. R., Rosenberg, E. L., Ferrer, E., Wallace, B. A., Saron, C. D. (2011). Intensive meditation training, immune cell telomerase activity, and psychological mediators. *Psychoneuroendocrinology*. 36(5), 664–81.

Kabat-Zinn, J. (1990). *Full catastrophe living: Using the wisdom of your body and mind to face stress, pain, and illness*. New York: Bantam Books.

Kabat-Zinn, J. (1994). *Wherever you go, there you are: Mindfulness meditation in everyday life*. New York: Hyperion.

Kabat-Zinn, M. & Kabat-Zinn, J. (1998). *Everyday blessings: The inner work of mindful parenting*. New York: Hachette Books.

Kornfield, J. (1994). *Buddha's little instruction book* New York: Bantam Books.

L'Engle, M. (2001). *Walking on water: Reflections on faith and art*. Colorado Spring, CO: WaterBook Press.

Martin, N. & Martin, W. (2011). *The Caregiver's Tao Te Ching: Compassionate caring for your loved ones and yourself*. Novato, CA: New World Library.

Manteau-Rao. M. (2016). *Caring for a loved one with dementia: A mindfulness-based guide for reducing stress and making the best of your journey together*. Oakland, CA: New Harbinger Publications.

McBee, L. (2008). *Mindfulness-based elder care: A CAM model for frail elders and their caregivers*. New York: Springer.

The National Alliance for Caregiving (NAC) and the AARP Public Policy Institute (2015). Caregiving in the U. S. http://www.aarp.org/content/dam/aarp/ppi/2015/caregiving-in-the-united-states-2015-report-revised.pdf

Neff, K. (2011). *Self-compassion: The proven power of being kind to yourself*. New York: Harper Collins.

The Presence Care Project. (2017) (est. 2014, 501c3). http://www.presencecareproject.com

Thomas, W., Fox, N., Norton, L., Rashap, A., Angelelli, J., Angelelli, J., Telllis-Nyak, V., Tellis-Nyak, M., Grant, L., Ransom, S., Dean, D., Beatty, S., & Brostoski, D. (2005). White paper. The Eden alternative domains of well-being: Revolutionizing the experience of home by bringing well-being to life. http//:www.edenalt.org

Thomas, W. (2004). *What are old people for?: How elders will save the world*. Acton, MA: VanderWyk & Burnham.

United Nations, Department of Economic and Social Affairs, Population Division. (2015). World Population Ageing 2015 (ST/ESA/SER. A/390). http://www.un.org/en/development/desa/population/publications/pdf/ageing/WPA2015_

Report.pdf

He, W., Goodkind, D., & Kowal, P. (2016). *An Aging World: 2015. U. S. Census Bureau, International Population Reports*. Washington, DC: U. S. Government Publishing Office, p. 95/16-1. http://www.census.gov/content/dam/Census/library/publications/2016/demo/p95-16-1.pdf

Whitebird, R. R., Kreitzer, M. J., Lewis, B. A., Hanson, L. R., Crain, A. L., Enstad, C. J., & Mehta, A. (2011). Recruiting and retaining family caregivers to a randomized controlled trial on mindfulness-based stress reduction. *Contemporary Clinical Trials*, 32, 654-61.

Whitebird, R. R., Kreitzer, M. J., Crain, A. L., Lewis, B., Hanson, L., & Enstad, C. (2013). Mindfulness-based stress reduction for family caregivers: A randomized controlled pilot study. *The Gerontologist*, 53, 676-86.

Zarit, S. (2006). Assessment of family caregivers: A research perspective. In Family Caregiver Alliance (Eds.), *Caregiver assessment: Voices and views from the field. Report from a national consensus development conference. Vol. II* (pp. 12-37). San Francisco: Family Caregiver Alliance.

第 4 章
* * *

Allemand, M. (2008). Age differences in forgivingness: The role of future time perspective. *Journal of Research in Personality*, 42, 1137-1147.

Carson, J. W., Keefe, F. J., Goli, V., Fras, A. M., Lynch, T. R., & Thorp, S. R. (2005). Forgiveness and chronic low back pain: A preliminary study examining the relationship of forgiveness to pain, anger and psychological distress. *Journal of Pain*, 6, 84-91.

Cheng, S. T. & Yim, Y. K. (2008). Age differences in forgiveness: The role of future time perspective. *Psychology and Aging*, 2, 676-680.

Coyle, C. T. & Enright, R. D. (1997). Forgiveness intervention with postabortion men. *Journal of Consulting and Clinical Psychology*, 65, 1042-1046.

Enright, R. D., Freedman, S., & Rique, J. (1998). The psychology of interpersonal forgiveness. In R. D. Enright & J. North (Eds.), *Exploring forgiveness* (pp. 46-62). Wisconsin: University of Wisconsin Press.

Enright, R. D. (2001). *Forgiveness is a choice: A step-by-step process for resolving anger and restoring hope*. Washington, DC: APA Life Tools.

Enright, R. D. & Rique, J. (2004). *The Enright forgiveness inventory*. Redwood City. CA: Mind Garden.

Foulk, M. A., Ingersoll-Dayton, B., & Fitzgerald, J. (2017). Mindfulness-based forgiveness groups for older adults. *Journal of Gerontological Social Work*, 60(8),

661–675.
Friedberg, J. P., Suchday, S., & Srinivas, V. S. (2009). Relationship between forgiveness and psychological indices in cardiac patients. *International Journal of Behavioral Medicine*, 16, 205–211.
George, L. K., Larson, D. B., Koenig, H. G., & McCullough, M. E. (2000). Spirituality and health: What we know and what we need to know. *Journal of Social and Clinical Psychology*, 19, 102–116.
Ghaemmaghami, P., Allemand, M., & Martin, M. (2011). Forgiveness in younger, middle-aged and older adults: Age and gender matters. *Journal of Adult Development*, 18, 192–203.
Harris, A. H., Luskin, F. M., Benisovich, S. V., Standard, S., Bruning, J., Evans, S., & Thoresen, C. (2006). Effects of a group forgiveness intervention on forgiveness, perceived stress, and trait-anger. *Journal of Clinical Psychology*, 62, 715–733.
Ingersoll-Dayton, B., Campbell, R., & Ha, J. (2009). Enhancing Forgiveness: A Group Intervention for the Elderly. *Journal of Gerontological Social Work*, 52, 2–16.
Ingersoll-Dayton, B. & Krause, N. (2005). Self-forgiveness: A component of mental health in later life. *Research on Aging*, 27, 267–289.
Krause, N. & Ellison, C. G. (2003). Forgiveness by God, forgiveness of others, and psychological well-being in late life. *Journal of Psychiatry*, 160, 496–503.
Kornfield, J. (2002). *The art of forgiveness, loving, kindness, and peace*. New York: Bantam Dell.
Luskin, F. (2002). *Forgive for good*. New York: HarperCollins.
Luskin, F. (2000). A review of the effect of spiritual and religious factors on mortality and morbidity with a focus on cardiovascular and pulmonary disease. *Journal Of Cardiopulmonary Rehabilitation*, 20, 8–15.
Luskint, F. M. (1998). The effect of forgiveness training on psychosocial factors in college age adults, *Dissertation Abstracts International*, 60, 1026A. (UMI 9924461).
Maltby, J., Day, L., & Barber, L. (2005). Forgiveness and happiness: The differing contexts of forgiveness using the distinction between hedonic and eudemonic happiness. *Journal of Happiness Studies*, 6, 1–13.
McCullough, M. E. & Worthington, E. L. (1999). Religion and the forgiving personality. *Journal of Personality* 67, 1141–1164.
McDowell, I. & Newell, C. (1987). *Measuring health: A guide to rating scales and questionnaires*. New York: Oxford University Press.
Meenan, R. F., Gertman, P. M., Mason, J. H., & Dunait, R. (1982). The arthritis

impact measurement scales: Further investigation of a health status measure. *Arthritis Rheumatology*, 25, 1048-1053.

Neff, K. http://www.self-compassion.org (Dr. Kristin Neffが運営するウェブサイト)

Neff, K. (2011). *Self-compassion*. New York: HarperCollins.

Raes, F., Pommier, E., Neff, K. D., & Guchit, D. V. (2011). Construction and factorial validation of a short form of the self-compassion scale. *Clinical Psychology & Psychotherapy*, 18, 250-255.

Rainey, C. A., Readdick, C. A., & Thyer, B. A. (2012). Forgiveness-based group therapy: A meta-analysis of outcome studies published from 1993-2006. *Best Practices in Mental Health*, 8, 29-51.

Rippentrop, A. E., Altmaier, E. M., Chen, J. J., Found, E. M. & Keffala, V. J. (2005). The relationship between religion/spirituality and physical health, and pain in a chronic pain population. *Pain*, 116, 311-321.

Romeo, C. & Mitchell, D. B. (2008). Forgiveness of interpersonal offenses in younger and older Roman Catholic women. *Journal of Adult Development*, 15, 55-61.

Sarinopoulos, S. (2000). Forgiveness and physical health: A doctoral dissertation summary. *World of Forgiveness*, 3, 16-18.

Seybold, K. S., Hill, P. C., Neumann, J. K., & Chi, D. S. (2001). Physiological and psychological correlates of forgiveness. *Journal of Psychology and Christianity*, 20, 250-259.

Silton, N. R., Flannelly, K. J., & Lutjen, L. J. (2013). It pays to forgive!: Aging, forgiveness, hostility, and health. *Journal of Adult Development*, 20, 222-231.

Stevenson, B. (2014). *Just mercy*. New York: Spiegel & Grau.

Tennen, H. & Affleck, G. (2000). Blaming others for threatening events. *Psychological Bulletin*, 119, 322-348.

Toussaint, L. L., Williams, D. R., Musick, M. A., & Everson, S. A. (2001). Forgiveness and health: Age differences in a U. S. probability sample. *Journal of Adult Development*, 8, 249-257.

Toussaint, L. L., Owen, A. D., & Cheadle, A. (2012). Forgive to live: forgiveness, health, and longevity. *Journal of Behavioral Medicine*, 35, 375-386.

Tse, W. S. & Yip, T. H. J. (2009). Relationship among dispositional forgiveness of Others, interpersonal adjustment and psychological well-being: Implication for depression. *Personality and Individual differences*, 46, 365-368.

Vaillant, G. E. (2002). *Aging well: Surprising guideposts to a happier life*. Boston, MA: Little, Brown and Company.

Wade, N. G. & Worthington, E. L. Jr. (2005). In search of a common core: A content analysis of interventions to promote forgiveness. *Psychotherapy: Theory, Research, Practice, Training*, 42, 160-177.

Wade, N. G., Hoyt, W. T., Kidwell, J. E. M., & Worthington, E. L. Jr. (2014). Efficacy of psychotherapeutic interventions to promote forgiveness: A meta-analysis. *Journal of Consulting and Clinical Psychology*, 82, 154-170.

Waltman, M. A., Russell, D. C., Coyle, C. T., Enright, R. D., Holter, A. D., & Swoboda, C. M. (2009). The effects of a forgiveness intervention on patients with coronary artery disease. *Psychology and Health*, 24, 11-27.

Webb, J. R. (2007). Spiritual factors and adjustment in medical rehabilitation: Understanding forgiveness as a means of coping. In A.E. DellOnto, & P. W. Power (Eds.), *The psychological and social impact of illness and disability*. 5th ed. (pp. 455-471). New York: Springer.

Webb, J. R., Touissant, L., Kalpakjian, C. Z., & Tate, D. G. (2010). Forgiveness and health-related outcomes among people with spinal cord injury. *Disability and Rehabilitation*, 32, 360.

Worthington, E. L., Jr. (2001). *Five steps to forgiveness: The art and science of forgiving*. New York: Crown.

Worthington, E. L., Jr. & Scherer, M. (2004). Forgiveness is an emotion-focused coping strategy that can reduce health risks and promote health resilience: Theory, review, and hypotheses. *Psychology and Health*, 19, 385-405.

Yesavage, J. A., Brink, T. L., Rose, T. L., Lum, O., Huang, V., Adey, M. et al. (1983). Development and validation of a geriatric depression screening scale: A preliminary report. *Journal of Psychiatric Research*, 17, 37-49.

第5章
* * *

Kornfield, J. (2002). *The Art of forgiveness, lovingkindness, and peace*. New York: Bantam Dell.

Longfellow, H. W. (2006). *The complete works on Henry Wadsworth Longfellow*. University of Michigan Library. (originally published in 1845).

Luskin, F. (2002). *Forgive for good*. New York: HarperCollins.

Neff, K. (2011). *Self-compassion*. New York: HarperCollins.

Nye, N. S. (1995). *Words under the words*. Portland, Oregon: Far Corner Books.

Oliver, M. (2002). *What do we know, poems and prose poems*. Cambridge, MA: Da Capo Press.

第 6 章
* * *

Baer, R. A. (2003). Mindfulness training as a clinical intervention: A conceptual and empirical review. *Clinical psychology: Science and practice*, 10, 125–143.

Barlow, D. H., Farchione, T. J., Fairholme, C. P., Ellard, K. K., Boisseau, C. L., Allen, L. B., & May, J. T. E. (2010). *Unified protocol for transdiagnostic treatment of emotional disorders: Therapist guide*. Oxford University Press. 伊藤正哉・堀越勝（訳）（2012）．不安とうつの統一プロトコル――診断を越えた認知行動療法 セラピストガイド．診断と治療社．

Beck, J. S. (2011). *Cognitive behavior therapy: Basics and beyond*. 2nd ed. New York: Guilford Press. 伊藤絵美・神村栄一・藤澤大介（訳）（2015）．認知行動療法実践ガイド――基礎から応用まで 第2版――ジュディス・ベックの認知行動療法テキスト．星和書店．

Bowen, S. (2014). Mindfulness-based relapse prevention for addictive behaviors. In R. A. Baer (Ed.), *Mindfulness-based treatment approaches: Clinician's guide to evidence base and applications*. 2nd ed. London: Academic Press.

Bowen, S., Vietan, C., Witkiewitz, K., & Carroll, H. (2015). A mindfulness-based approach to addiction. In K. W. Brown, J. D. Creswell, & R. M. Ryan (Eds.), *Handbook of mindfulness: Theory, research, and practice*. New York: Guilford Press.

Bishop, S. R., Lau, M., Shapiro, S., Carlson, L., Anderson, N. D., Carmody, J., Segal, Z. V., Abbey, S., Speca, M., Velting, D., & Devins, G. (2004). Mindfulness: A proposed operational definition. *Clinical psychology: Science and practice*, 11, 230–241.

Brown, T. A., Campbell, L. A., Lehman, C. L., Grisham, J. R., & Mancill, R. B. (2001). Current and lifetime comorbidity of the DSM-IV anxiety and mood disorders in a large clinical sample. *Journal of abnormal psychology*, 110, 585.

Brown, K. W., Creswell, J. D., & Ryan, R. M. (2015). Introduction: The evolution of mindfulness science. In K. W. Brown, J. D. Creswell, & R. M. Ryan (Eds.), *Handbook of mindfulness: Theory, research, and practice*. New York: Guilford Press.

Carey, B. (2011). Expert on Mental Illness Reveals Her Own Fight. New York Times. Retrieved from http://www.nytimes.com/2011/06/23/health/23lives.html?pagewanted=all&_r=0 (January 21, 2017)

Chadwick, P. (2014). Mindfulness for psychosis. *The British Journal of Psychiatry*, 204, 333–334.

Dannahy, L., Hayward, M., Strauss, C., Turton, W., Harding, E., & Chadwick, P.

(2011). Group person-based cognitive therapy for distressing voices: pilot data from nine groups. *Journal of behavior therapy and experimental psychiatry*, 42, 111-116.

Fletcher, L. & Hayes, S. C. (2005). Relational frame theory, acceptance and commitment therapy, and a functional analytic definition of mindfulness. *Journal of rational-emotive and cognitive-behavior therapy*, 23, 315-336.

Harrington, N. & Pickles, C. (2009). Mindfulness and cognitive behavioral therapy: are they compatible concepts? *Journal of Cognitive Psychotherapy*, 23, 315-323.

Harris, R. (2009). *ACT made simple: An easy-to-read primer on acceptance and commitment therapy*. New Harbinger Publications. 武藤崇（監訳）(2012). よくわかる ACT——明日からつかえる ACT 入門. 星和書店.

Hayes, S. C. (2004). Acceptance and commitment therapy, relational frame theory, and the third wave of behavioral and cognitive therapies. *Behavior therapy*, 35, 639-665.

Hayes, S. C., Strosahl, K. D., & Wilson, K. G. (2012). *Acceptance and commitment therapy: An experiential approach to behavior change*. 2nd ed. New York: Guilford Press. 武藤崇・三田村仰・大月友（監訳）(2014). アクセプタンス&コミットメント・セラピー（ACT）第2版. 星和書店.

Hayes, S. C., Villatte, M., Levin, M., & Hildebrandt, M. (2011). Open, aware, and active: Contextual approaches as an emerging trend in the behavioral and cognitive therapies. *Annual Review of Clinical Psychology*, 7, 141-168.

伊藤絵美（編著）(2013). スキーマ療法入門——理論と事例で学ぶスキーマ療法の基礎と応用. 星和書店.

Jacobson, N. S., Dobson. K. S., Truax, P. A., Addis, M. E., Koerner, K., Gollan, J. K., Gortner, E., & Prince, S. E. (1996). A component analysis of cognitive-behavioral treatment for depression. *Journal Consultant Clinical Psychology*. 64, 295-304.

Kabat-Zinn, J. (1982). An outpatient program in behavioral medicine for chronic pain patients based on the practice of mindfulness meditation: Theoretical considerations and preliminary results. *General Hospital Psychiatry*, 4, 33-47.

Kabat-Zinn, J. (1990). *Full catastrophe living: Using the wisdom of your body and mind to face stress, pain, and illness*. New York: Bantam Dell Publishing. 春木豊（訳）(2007). マインドフルネスストレス低減法. 北大路書房.

Kabat-Zinn, J. (1994). *Wherever you go, there you are: Mindfulness meditation for everyday life*. New York: Hypertion.

Kabat-Zinn, J. (2003). Mindfulness - based interventions in context: past, present, and future. *Clinical psychology: Science and practice*, 10, 144-156.

Kabat-Zinn, J. (2011). Some reflections on the origins of MBSR, skillful means, and the trouble with maps. *Contemporary Buddhism*, 12, 281-306.

Kanter, J. W., Busch, A. M., & Rusch, L. C. (2009). *Behavioral activation: Distinctive features*. Routledge. 大野裕（監訳）（2015）．行動活性化．明石書店．

Khoury, B., Lecomte, T., Gaudiano, B. A., & Paquin, K. (2013). Mindfulness interventions for psychosis: a meta-analysis. *Schizophrenia Research*, 150, 176-184.

熊野宏昭（2012）．新世代の認知行動療法．日本評論社．

Linehan, M. M. (1993). *Cognitive-behavioral treatment of borderline personality disorder*. New York: Guilford Press. 大野裕（監訳）（2007）．境界性パーソナリティ障害の弁証法的行動療法．誠信書房．

Linehan, M. M. (2015). *DBT skills training manual*. 2nd ed. New York: Guilford Press.

Lunde, L. H. & Skjøtskift, S. (2015). Combining mindfulness meditation with cognitive behavior therapy and medication taper for hypnotic-dependent insomnia in older adults: A case study. *Clinical Case Studies*, 14, 307-320.

Marino, P., DePasquale, A., & Sirey, J. A. (2015). Cognitive Behavior Therapy With Mindfulness and Acceptance Skills for the Treatment of Older Adults. *Clinical Case Studies*, 14, 262-273.

Marlatt, G. A. & Witkiewitz, K. (2005). Relapse prevention for alcohol and drug problems. In G. A. Marlatt & D. M. Donovan (Eds.), *Relapse prevention: Maintenance strategies in the treatment of addictive behaviors*. 2nd ed. New York: Guilford Press. 原田隆之（訳）（2011）．リラプス・プリベンション——依存症の新しい治療．日本評論社．

増田暁彦・武藤崇（2006）．ACT精神病理／健康論．武藤崇（編著）．アクセプタンス＆コミットメント・セラピーの文脈——臨床行動分析におけるマインドフルネスな展開．ブレーン出版．

宮城整・山崎さおり（2016）．感情調整が困難な患者へのマインドフルネス——弁証法的行動療法に基づくグループ実践．貝谷久宣・熊野宏明・越川房子（編著）．マインドフルネス——基礎と実践．日本評論社．

大谷彰（2014）．マインドフルネス入門講義．金剛出版．

Segal, Z. V., Williams, J. M., & Teasdale, J. D. (2002). *Mindfulness-based cognitive therapy for depression*. New York: Guilford Press. 越川房子（監訳）（2007）．マインドフルネス認知療法——うつを予防する新しいアプローチ．北大路書房．

Segal, Z. V., Williams, J. M., & Teasdale, J. D. (2013). *Mindfulness-based cognitive therapy for depression*. 2nd ed. New York: Guilford Press.

Wells, A. (2009). *Metacognitive therapy for anxiety and depression*. New York: Guilford Press. 熊野宏昭・今井正司・境泉洋（監訳）（2012）．メタ認知療法——うつと不安の新しいケースフォーミュレーション．日本評論社．

Young, J. E., Klosko, J. S., & Weishaar, M. E. (2003). *Schema therapy: A practitioner's guide*. New York: Guilford Press. 伊藤絵美（監訳）(2008). スキーマ療法──パーソナリティの問題に対する統合的認知行動療法アプローチ. 金剛出版.

第7章
* * *

Carlson, L. E., Ursuliak, Z., Goodey, E., Angen, M., & Speca, M. (2001). The effect of mindfulness meditation-based stress reduction program on mood and symptoms of stress in cancer outpatients: 6-month follow up. *Support Care Cancer*, 9, 112-123.

厚生労働省．がん対策推進基本計画．http://www.mhlw.go.jp/bunya/kenkou/gan_keikaku.html

Speca, M., Carlson, L. E., Goodey, E., & Angen, M. (2000). A randomized, wait-list controlled clinical trial: the effect of a mindfulness meditation-based stress reduction program on mood and symptoms of stress in cancer outpatients. *Psychosomatic Medicine*, 62, 613-622.

第8章
* * *

Bays, J. C. (2011). *How to train a wild elephant: And other adventures in mindfulness*. Boston, MA: Shambhala Publications. 石川善樹（監修），高橋由紀子（訳）(2016).「今，ここ」に意識を集中する練習──心を強く，柔らかくする「マインドフルネス」入門．日本実業出版社．

Butler, R. N. (1963). Life review: An interpretation of reminiscence in the aged. *Psychiatry*, 26, 65-76.

Feil, N., (1982). *Validation: The Feil method*. Cleveland, OH: Edward Feil Production.

Foulk, M. A., Ingersoll-Dayton, B., Kavanagh, J. et al. (2014). Mindfulness-based cognitive therapy with older adults: An exploratory study. *Journal of Geriatric Social Work*, 57, 498-520.

平井タカネ（監修），大沼幸子・崎山ゆかり・町田章一他（編）(2012). ダンスセラピーの理論と実践．ジアース教育新社．

広井良典（2000）.「老人と子ども」統合ケア──新しい高齢者ケアの姿を求めて．中央法規出版株式会社．

貝谷久宜・熊野宏昭・越川房子（2016）. マインドフルネス──基礎と実践．日本評論社．

北本福美（1992）. 痴呆老人への音楽療法，日本芸術療法学会誌, 23, 117-126.

Kitwood, T. (1997). *Dementia reconsidered: The person comes first*. Buckingham, Philadelphia: Open University Press.

厚生労働省 (2011). 精神科医療について. 第203回中央社会保険医療協議会資料. http://www.mhlw.go.jp/stf/shingi/2r9852000001trya-att/2r9852000001ts1s.pdf

黒川由紀子 (1994). 痴呆老人に対する回想法グループ. 老年精神医学雑誌, 5, 73-81.

Kurokawa. Y., (2001). The creativity of the demented elderly. In S. Long. (Ed.), *Caring for the elderly in Japan and the US*. London, New York: Routledge.

黒川由紀子 (2005). 回想法——高齢者の心理療法. 誠信書房.

黒川由紀子 (2013). 高齢者と心理臨床——衣・食・住をめぐって. 誠信書房.

Luders, E., Cherbuin, N., & Kurth, F. (2015). Forever Young (er): Potential age-defying effects of long-term meditation on gray matter atrophy. *Front. Psychol*, 5, 1551.

松田修 (2005). 認知症ケアにおける認知リハビリテーション. 保健の科学, 47, 176-181.

McBee, L. (2008). *Mindfulness-based elder care: A CAM model for frail elders and their caregivers*. New York: Springer.

森谷寛之・杉浦京子・入江茂・山中康裕 (1993). コラージュ療法入門. 創元社.

内閣府 (2016). 平成28年版高齢社会白書 (全体版) 高齢化の国際的動向. http://www8.cao.go.jp/kourei/whitepaper/w-2016/html/zenbun/s1_1_5.html

中井久夫 (1984). 風景構成法. 岩崎学術出版社.

日本神経学会 (2010). 認知症疾患治療ガイドライン2010. https://www.neurology-jp.org/guidelinem/degl/sinkei_degl_2010_04.pdf

野村豊子 (1993). サンメール尚和のRO——リアリティー・オリエンテーションの理論と実際. 筒井書房.

野村豊子 (1998). 回想法とライフレビュー——その理論と技法. 中央法規出版.

大谷彰 (2014). マインドフルネス入門講義. 金剛出版.

大谷彰 (2016). アメリカにおけるマインドフルネスの現状とその実践. 精神療法, 42, 31-38.

大谷彰 (2017). マインドフルネスの「逆輸入」への対応. 精神科治療学, 32, 579-583.

太湯好子・小林春男・永瀬仁美・生長豊健 (2008). 認知症高齢者に対するイヌによる動物介在療法の有用性. 川崎医療福祉学会誌, 17, 353-361.

Pike, A. A. (2013). The effect of art therapy on cognitive performance among ethnically diverse older adults. *Journal of the American art therapy association*, 30, 159-168.

ルース, C.・黒川由紀子 (監修) (2016). いちばん未来のアイデアブック. 木楽

舎.

杉原武徳・青山宏・竹田里江・池田望・小林昭裕（2005）．園芸療法が施設高齢者の精神機能および行動面に与える効果．老年精神医学雑誌，16, 1163-1173.

高橋智（2011）．認知症のBPSD．日本老年医学会雑誌，48, 195-204. https://www.jpn-geriat-soc.or.jp/publications/other/pdf/review_geriatrics_48_3_195.pdf

高橋祥友（2006）．老年期うつ――見逃されやすいお年寄りの心．講談社．

University of Michigan, The Frankel psychology professional training program (2012). Mindfulness-based cognitive therapy of depression. May 13-18 (Hand out).

若松直樹・三村将・加藤元一郎・塚原敏正・正木かつら・原常勝・鹿島晴雄（1999）．痴呆性老人の対するリアリティー・オリエンテーション訓練の試み．老年精神医学雑誌，10, 1429-1435.

WHO (2015). Healthy life expectancy at birth (years) 2000-2015. Global Health Observatory data. http://www.who.int/gho/mortality_burden_disease/life_tables/hale/en/

✳︎✳︎✳︎✳︎✳︎✳︎✳︎✳︎✳︎✳︎ 付録CDのスクリプト

　本書の巻末に瞑想への導入のCDをつけていますが，ご自分でインストラクターをなさりたい読者のためにスクリプトを掲載します。これはあくまで一例であり，CDと一言一句同じではありません。読者の皆様も，ご自身が一番しっくりくる言葉や言い回しに変えてくださって結構です。ただ用意された台本を文字どおり読み上げるのではなく，ご自分の心から湧き出る言葉／語りを大切にしていただけたら，と願います。なお，紹介される瞑想は高齢者以外の方に対しても適用することができます。

　　　　　　　　　　　　　　（フォーク阿部まり子）

　　Track 1　ボディスキャン瞑想
　　Track 2　呼吸のマインドフルネス
　　Track 3　音と思考のマインドフルネス
　　Track 4　呼吸空間法
　　Track 5　慈悲の瞑想
　　Track 6　許しの瞑想

＊機器の経年劣化や，機器との相性により，一部の再生機及びPCで不具合が生じる場合があります。付録CDを実行した結果について，当社は一切の責任を負いかねます。

＊本書の購入者本人が心理的支援・治療を目的に行う場合を除き，付録CDに収録されているデータの一部または全部を，著作権法で定められた範囲を越えて，無断で複製することを禁じます。

Track 1 ボディスキャン瞑想
***** *

　まず，この20分程度の間，携帯の電源は切りましょう。それから，布団やマットの上に楽な姿勢で仰向けになりましょう。からだに無理がないように，必要に応じて，枕や毛布などで頭や膝を支えて，調整してみてください。腕は両脇にゆったりと置いてみてください。そして，静かにそっと目を閉じてみます。

　眠くなったら，いつでも目を開けて構いません。ボディスキャンは気づきの練習です。どんなにリラックスしていても，心や頭が目覚めているほうがやりやすいので，眠くなったら，いつでも目を開けてみてください。また，気づくからだの感覚や思いは，心地よいものもあれば，不快だったり退屈だったり，無視してしまいたいようなものもあるかもしれません。どのような場合も，できるだけ，心を開いて，あるがままを，やさしい気持ちで受け入れてみてください。イライラするときもあるかもしれません。そんなときは，「今イライラする気持ちがあるね」と，自分を批判することなく，それに気づいてみましょう。この瞑想は，「こうあるべき」という気持ちを解き放ち，すでにある，今のありのままの状態に，勇気をもって，気づく練習です。

　心の準備ができたら，まずからだがマットやシーツに触れているところの感覚に気づいてみましょう。重力でからだがどっしり，マットを押しています。また空気が皮膚に触れている感覚も感じられるかもしれません。今，ここに存在しているからだ全体を感じてみましょう……。

　次に呼吸に意識を向けてみましょう。息を吸うとお腹や胸が少しふくらみ，息を吐くと，わずかに沈みます。感じにくければ，お腹の上にそっと手を置いてみてもいいでしょう。空気を入れると風船がふくらみ，空気をぬくとしぼむように，からだも呼吸とともに，わずかですが，ゆっくりとふくらみ，かすかにしぼみます。そのリズムにも気づいてみてください。瞬間，瞬間，あるがままの呼吸の感覚をやさしい気持ちで観察してみましょう。

意識が呼吸から逸れたら，それがどこに逸れたかを確認したあと，批判することなく，やさしくもう一度，呼吸に意識を戻しましょう。何度でも，忍耐をもってやさしく，呼吸に戻します。

　これから，からだの各部分に，順番に意識を向けていきます。意図した部分に注意を集中させ，そこにある感覚に気づき，次に移るとき，そこから注意を解き放っていく練習です。
　まず左足の指へと注意の焦点，注意のスポットライトを移してみましょう。親指，人差し指，中指，薬指，小指，それぞれの指の感覚が感じられるでしょうか。ぬくもり，汗ばみ，冷たさ，かゆさ，何でも，そこにある感覚に気づいてみましょう。もし何も感覚がなければ，「何の感覚もないね」と確認してみてください。次に，左足の裏の感覚はどうでしょうか。かかと，土踏まず，つま先，そして左足の甲，どんな感覚がありますか。

　もし，注意が他に逸れたら，どこに逸れたのかに気づいて，そこからやさしく，批判せず，今注意を向けようと意図しているところに，注意を戻しましょう。注意が逸れるたびに，何回でも戻してみてください。自分に集中力がないなどと批判する必要はありません。私たちの脳は，常にいろんなことへと注意が散るようにできているのですから。

　次に左足のくるぶし。歩いているとき，からだ全体を支えてくれるくるぶしですね。今この瞬間どんな感覚があるでしょうか。次に左脚のすね，ふくらはぎ，そして膝。いろいろな神経や骨があります。どんな感覚があるでしょうか？　次に意識を左脚太ももに移していきます。大きな筋肉のあるところです。今どんな感覚があるでしょう。
　次に意識を右足に移しましょう。床に触れている部分の感覚，どうでしょうか。その他の足の部分，指，甲……そして次に右足全体，くるぶしまでどんな感覚があるか，みてください。そして，右脚のすね，ふくらはぎ，膝へと意識を移します。どんな感覚がありますか。あるがままに気づいてみましょう。それから，右脚の太もも。どうでしょうか。
　次に，気づきのスポットライトを骨盤，お尻，腰の部分にもっていきま

Track 1　ボディスキャン瞑想

しょう。今，この瞬間，どんな感覚がありますか。ストレスに繊細な箇所です。やさしい気づきで，この部分をそっと包みこんであげましょう。

　もし，注意が他に逸れたら，どこに逸れたのかに，気づいて，そこからそっと，批判せず，今注意を向けようとしている箇所に，注意を戻しましょう。これは注意が逸れるたびに，何回でも忍耐をもって，行ってみてください。

　次は，背中です。尾骶骨から脊髄へと意識を向けていきましょう。脊髄は骨や神経が連なっています。筋肉もあります。どんな感覚が今，そこにありますか。やさしく，批判することなく気づいてみましょう。
　次は意識を前のほうに移してみます。お腹の部分です。呼吸とともにお腹がふくらんだり，沈んだりするのが，感じられるでしょうか。ただ瞬間瞬間の感覚に気づいてみてください。胃袋は今どうでしょうか。心配事があったり，ドキドキしているとき，よく胃が緊張します。ありのままの状態に，やさしい気持ちで気づいてみましょう。
　次に，胸に注意のスポットライトをもっていきましょう。呼吸とともに胸もふくらんだり，しぼんだりするのが感じられるかもしれません。心臓の鼓動は感じられるでしょうか。なければ，ないことに気づいてみましょう。内部の臓器の感覚は多分感じられないでしょう，私たちの命をつなぐため，昼夜，四六時中，活動してくれています。今，そんな臓器に感謝の気持ちを贈るよい機会かもしれません。
　次は意識を両手と指の感覚へ移してみましょう。1本1本の指が感じられますか。それとも何も感覚がなければ，ないことに気づいてみてください。次は両腕です。肘を通って，肩まで。今この瞬間，どんな感覚がそこに感じられるでしょうか。
　次は肩から，首，のどです。この部分も日々のストレスを感じやすいところですね。今はどんな感じでしょう。そっと気づいてみてください。緊張やこりが感じられたら，「ご苦労様」と労いの言葉を贈ってみましょう。
　次は首から頭のつけね，そして頭全体，額まで，すっぽり気づきのスポットライトで包んでみましょう。今，どんな感覚があるでしょうか。

もし，注意が他に逸れたら，どこに逸れたのかに，気づいて，それからやさしい気持ちで，批判せず，今注意を向けようとしている箇所に注意を戻しましょう。注意が逸れるたびに，何回でも戻してみてください。

　次に，顔に意識を移していきましょう。額は緊張していますか。眉と眉の間の部分にも注意を払ってみましょう。そして，まぶた。目玉。鼻，呼吸をするたびに冷たい空気が鼻を通り，少しあたたまった空気が鼻から出るのにも気づいてみてください。ほっぺたも重く感じられたり，何も感覚がないときもあります。今この瞬間はどんな感じでしょう。唇。上唇と下唇が触れる感覚，感じられますか。口の中にも気づきのスポットライトをもっていきましょう。舌はどこにありますか。歯の感覚は？　そしてつば。あごは？　あごが緊張しているときもあれば，ふわっと感じられるときもあります。今はどうでしょうか。

　最後にもう一度，足のつま先から頭のてっぺんまで，からだ全体を包みこむように，気づきのスポットライトを広げてみましょう。そしてどんな感覚がどこにあるかをみてみましょう。今のあるがままの状態に，ただやさしい気持ちで，気づいてみてください。そんな感覚とともに，からだ全体が静かに息づいています。皮膚も息しています。そっと，その静かな息に耳を傾けてみましょう。

　まもなく，この瞑想の終わりを告げる鐘が3回鳴ります。ご苦労様でした。

Track 2　呼吸のマインドフルネス
***** *

　居心地のよい，背もたれがなるべくまっすぐな椅子を選んで，座ってください。背筋を伸ばして，お腹に少し力を入れて，肩の力をぬいてみましょう。足は組まず，腰と同じ幅で，しっかりと床に下ろしましょう。手も組まずに，膝の上にゆったりと置いてみましょう。からだの姿勢が整ったら，静かに目を閉じてみてください。または半眼でも構いません。

　呼吸が一番感じられる箇所，例えば，鼻の先，またはお腹に，意識をもっていき，息を吸い，息を吐くたびに，そこの感覚の変化に注意を払ってみてください。呼吸は自然のままで結構です。無理に深呼吸をする必要はありません。からだは生まれたときから息をしていますので，呼吸の動きはからだにまかせて，私たちのすることは，そのからだの感覚に気づいてみることです。吸う息，吐く息，その鼻での感覚，またはお腹での感覚に気づいてみましょう。

　もし，気づきの焦点が鼻の先ならば，空気が鼻の穴に入っていく感覚，鼻から出て行く感覚に気づくでしょう。よ〜く注意をそそぐと，吸う息のほうが吐く息よりも少しひやっと冷たいのにも気づくかもしれません。また，吐く息のあと，次の吸う息が始まる前に，少し間があるのにも，気づくかもしれません。

　もし，気づきの焦点をお腹にあてたのならば，吸った息がお腹までいき，お腹がわずかにふくらみ，吐く息と共に，お腹がほんのわずかにしぼむのを感じるかもしれません。

　意識が他の考えや，からだの他の感覚，または外の音などに逸れたりすることもあるかもしれません。意識が呼吸の上にないことに気づいたとき，どこに逸れたかを確認してから，やさしく，呼吸に意識を戻してみてください。何度でも。自分を批判する必要はありません。これは脳の集中力の筋トレのようなものです。何度でも繰り返し行ってください。注意が逸れたこ

とに気づいた，ということ自体がマインドフルネスの練習なのですから。

　どの呼吸も，一つひとつ，それぞれ微妙にちがいます。リラックスしているときは，息も長くスムーズです。心配だったり，急いでいるときは息も荒くなり，心持ち速くなります。呼吸はある意味で今の私の状態を反映します。今，この呼吸の，一つひとつに，丁寧に気づいてみてください。

　まもなくこの練習の終わりを告げる鐘が3回鳴ります。日常生活に戻ったあとも，いつでも必要なとき，この呼吸は，練習の道具として，アクセスできるのです。たとえ自分のまわりが嵐でも。呼吸を使って，いかりを下ろすことができるのです。

　では，鐘の音に静かに耳を傾けて，この練習のしめくくりとしてください。

Track 3　音と思考のマインドフルネス
***** *

　まず，気づきの焦点をからだの感覚から音へと移行しましょう。
　空気を通って耳に聞こえてくる音に気づいてみましょう。音を探す必要はありません。ただ心を開いて，耳を開いて，いろいろな方向から耳に入ってくる音，そのままを受け取る練習です。前から入ってくる音，後ろからの音，右から，左から入ってくる音，大きな音，小さな音，心地よい音，不快な音，どれにも丁寧に，判断することなく，やさしい気持ちで，気づいてみてください。ちょうど，呼吸やからだの感覚に気づいたのと同じように，今度は音に気づいてみましょう。瞬間瞬間聞こえてくる音の大きさ，音色，その音が長く継続して聞こえてくるか短いか，パターンやリズムがあるのか，など音の質に，気づいてみてください。その音について考えたり評価するのではなく，あたかもその音に初めて触れるように，好奇心をもって，ただ気づいてみてください。
　そして，音と音の間の静けさにも注意を払ってみましょう。

　もし，その音に関して考えていることに気づいたら，「ああ，考えね」と確認してから，ただただ音をダイレクトに聞く体験に，意識を戻してください。自分を批判することなく，やさしい気持ちで，意識を何度でも，音そのものを聞くことに戻してください。

　次に，気づきの焦点を音から解き放して，頭の中で湧いてくる思考そのものに，意図的に注意を移します。音は今も耳に入ってきますが，それは背景に聞こえてくる騒音のように，注意を払う必要はありません。
　今度は，頭に浮かぶ思考をそのままキャッチする練習です。言葉ではなく，イメージとして浮かぶ思考もあるかもしれません。それにも気づいてみましょう。
　音の気づきの練習のとき，それを追いかけずにただ耳に入ってくる音をそのまま受け入れ気づいたのと同じように，頭に浮かんだ思考やイメージ

に気づく練習です。

　ある思考は心地よく，ある思考は不快，または，退屈でつまらない思考もあるかもしれません。すべて，丁寧にやさしい気持ちで，気づいてみましょう。気づいたとたんに，消えてしまう思考もあるでしょう。またいろんな感情的な反応をもたらし，次から次へと雪だるまのようにふくらんでいく思考もあるかもしれません。自分がその中に入り込んでしまったら，それに気づいたとき，もう一回呼吸の感覚に意識を戻して，今一度，思考を観察しなおしてみてください。何度でも。批判することなく，やさしい気持ちで。

　思考を観察するのに，次のような光景をイメージすることが役に立つ場合もあります。一つは，頭や心を空にたとえ，思考を雲に見立て，自分は芝生の上で寝転がってそんな空と雲を見ているといったイメージです。ある雲は大きく盛り上がり，ある雲は小さくうすく，さっと流れ去る雲もあれば，じっとそこに浮かんでいる雲もあるかもしれません。

　またもう一つのイメージは，頭や心を映画館のスクリーンに喩え，思考や感情を，そこに映される映像に見立て，自分は観客席からそれを見る，といったものです。このようにイメージしながら，頭の中に湧く思考やそれに伴う感情を観察してみても構いません。

　3つ目のイメージは，頭や心を川の流れに見立て，その中にいろいろな思考が流れていく，私たちはそれを川岸から眺める，というものです。思考が強烈で，川の中に引きずり込まれたら，呼吸に意識を戻すことで，また川岸に戻れます。

　そうしてそんな思考を追いかけなければ，それは自然に消えていき，また次の思考が湧いてくることに気づくのではないでしょうか。こんな練習を通して，思考は頭の中に湧く現象であって，どんなにそれが確固たる真実のような説得力があるようにみえても，真実でも事実でもないこと，自分の内面に移ろう景色の一部であるということに，気づいていきます。

　そしてそんな思考の流れを，瞬間瞬間，一息ひと息，みていきましょう。そうしたら，いつもよりも，もっとはっきりと，次から次へと頭の中で湧いてくる思考が，みえてくるかもしれません。そうして思考と思考の間の空間や，思考がないときのゆったりとした頭の空白をも一瞬，垣間見ることもあるかもしれません。

ただゆったりとここに座って，思考を頭に浮かぶ現象として扱うことができるようになるかもしれません。もしかしたら，そんな思考にあまりとらわれず，それをみていくことができるようになるかもしれません。ただ頭の中に湧いた現象として。そしてそんな思考の渦の中に巻き込まれてしまったら，それに気づいたとき，注意を呼吸に戻すことで，何度でも，また川岸に戻って，その思考の流れを，静かにみていくことができるのです。

　そして今度は注意の焦点を，そんな思考からも解き放ち，静かにただ座って，瞬間瞬間，自らの意識に入ってくるものをただ受け入れて，気づいていきましょう。意識に飛び込んでくるものは，呼吸だったり，からだの感覚だったり，音だったり，思考や感情だったりするかもしれません。何も入ってこないときは，そこにある，ゆったりとした空白に気づいてみてください。意識そのもの，それは広い空のように，どんなに恐ろしい黒雲のような思考にも，どんなに不快な音にも，へこまされることも濁されることもないのです。
　鐘が鳴るまでの数秒間，そんな意識と共に座っていてください。

Track 4　呼吸空間法

　背筋を伸ばし，肩の力をぬいて，しゃんとした姿勢で座ってみましょう。目を静かに閉じ，今ある状態に気づいてみます。呼吸の感覚，からだが椅子に座っている感覚に気づいてみてください。

　呼吸空間法には，3つのステップがあります。

　1番目のステップ。今の自分の内側の状態，思考，感情，からだの感覚に気づいてみましょう。ちょうど気づきの敷物を広げるように。今はどんなかな，とみてみます。
　まずどんな思考がそこにはあるでしょうか。「私はダメだなあ」という思考が湧いてきたら，「ああ，自己批判ね」とか，「ああ私はダメだな，という思考ね」というふうに気づいていきましょう。
　次に，今どんな感情が湧いていますか。「ああ，悲しい気持ちね」「退屈な気持ちね」「ああ，イライラね」，というふうに，確認してみます。どんな気持ちでも，そっと自分へのやさしい気持ちで，気づいてみましょう。
　次にからだの感覚は？　簡単にボディスキャンをしてみて，からだの中に今この瞬間ある感覚——緊張感，重み，もやもや，など，気づいてみましょう。

　第2のステップでは，初めの，広い範囲の気づきを，今度は，呼吸だけに絞ってみます。——吸う息の感覚，吐く息の感覚。吸う空気が鼻の穴を通って，ずうっとお腹まで行き，お腹が少しふくらんで，そして，吐く息とともに，お腹がしぼむのにも気づいてみましょう。
　もし意識が呼吸にないことに気づいたら，どこに注意が逸れたかを確認してから，やさしく批判することなく，何度でも呼吸に，戻してください。
　どんなに激しい嵐の中でも，いかりを下ろした船が，港に安全に留まれるように，どんなに大変なときでも，呼吸に意識を向ければ，気持ちの嵐

に飛ばされなくて済みます。

　第3のステップでは，もう一度，呼吸も含めて，からだ全体に気づきの焦点，気づきのスポットライトを広げます。からだ全体が息をしている感覚——皮膚も呼吸しています。そんなからだ全体の感覚と共に，そっと居てみてください。
　ストレスを感じているとき，往々にして，肩や，胃袋など，緊張している場合があります。からだのどの部分が，今，緊張しているでしょうか。どこか閉ざされた感じはありますか。傷つかないようにと，自己防衛の壁をはっている場合もあるかもしれません。そっと，みてみましょう。どこが緊張しているかがわかったら，イメージして，その部分にゆっくりと深く息を吹き込んでみましょう。そして，ゆっくりとそこから息を吐いてみましょう。そんな呼吸を数回してみてください。

　そして，もしよろしければ，息を吐くとき，こう自分に囁いてみてください。「大変だけど，つらいけれど，もうここにあるのだから，それをみてみましょう。それがあっても，生きていけますよ」

　その部分の緊張感が少しやわらいだら，ふつうの呼吸に戻してください。そして鐘が鳴るまで，吸う息の感覚，吐く息の感覚とともに，静かに座っていてください。

Track 5　慈悲の瞑想
***** *

　静かに，居心地のよい椅子に座って，背筋を伸ばし，肩の力をぬいてみましょう。目をそっと閉じて，やさしい気持ちで吸う息，吐く息の動きに気づいてみましょう。

　気持ちが落ち着いたら，そっと胸に手をあててみてください。
　自分が今まで体験したつらかったこと，苦しかったことを思い出してみましょう。そして，心の中の，私も幸せになりたい，という気持ちに触れてみてください。自分の心に向かって，こんな願いを贈ってみましょう。

　　——幸せになれますように。少しでも苦しみから解かれますように。
　　——安全でありますように。危険や恐怖から自由になれますように。
　　——からだと心が健やかでありますように。
　　——穏やかに生きていけますように。

　次に，恩師や家族，友人など，大事な人をひとり選んで，その人の姿を心に浮かべてみてください。そして，私は知らないかもしれないけれど，きっとこの人も，人生のつらさ，苦しみを経験されたことを思ってみてください。そうしてその人に，心からの願いを贈ってみましょう。

　　——幸せになれますように。少しでも苦しみから解かれますように。
　　——安全でありますように。危険や恐怖から自由になれますように。
　　——からだと心が健やかでありますように。
　　——穏やかに生きていけますように。

　次に，あなたが日常生活で出会う人，でもその人のことはあまり知らない他人を一人選んでください。例えば，最寄駅の駅員さん，よく行くスーパーのレジの人，銀行の窓口や配達の人など。ひとり選んで，その人の姿をなるべく細かくはっきりと心に浮かべてください。そして，私は全然知らないけれど，きっとこの人も，人生のつらさ，苦しみを経験されたであろう

ことを思ってみてください。そしてその人に，心からの願いを贈ってみましょう。

　　——幸せになれますように。少しでも苦しみから解かれますように。
　　——安全でありますように。危険や恐怖から自由になれますように。
　　——からだと心が健やかでありますように。
　　——穏やかに生きていかれますように。

　次に，あなたが苦手な人，あなたにつらい思いをさせた人，ひとりを選んでください。一番困難な人でなくても構いません。数分間その人のイメージを心に浮かべても構わない，そんな人をひとり選んでください。そして，その人の姿を，無理のない範囲で，なるべく細かくはっきりと心に浮かべてみてください。そして，私にはひどいことをした人だけど，きっとこの人も，人生のつらさ，苦しみを経験したであろうことを思ってみてください。そしてその人に，なるべく心からの願いを贈ってみましょう。もしそんな言葉がうそっぽく思えても構いません。言葉を通して，自らの思いやりの心が，耕やされていくからです。

　　——幸せになれますように。少しでも苦しみから解かれますように。
　　——安全でありますように。危険や恐怖から自由になれますように。
　　——からだと心が健やかでありますように。
　　——穏やかに生きていけますように。

　そうして最後に今回登場してもらった自分を含めて4人全員のイメージを目の前にもう一度浮かべてください。自分，大切な人，見知らぬ人，いやな人，なるべく生き生きと一人ひとりの姿を思い浮かべてください。そうして，それぞれの人との私のかかわり方はちがうけれど，皆それぞれ自分の苦悩を背負って生きてきた人であることに思いを馳せてみましょう。そうして，この4人全員に次の願いを，心の奥から贈ってみてください。

　　——幸せになれますように。少しでも苦しみから解かれますように。
　　——安全でありますように。危険や恐怖から自由になれますように。
　　——からだと心が健やかでありますように。

――穏やかに生きていけますように。

　そうして，こんな温かな願いを，自分を含めた，いろいろな人たちに広げていってみてください。そんな言葉が頑なな自分の心を，徐々にやわらげ，開いてくれることでしょう。

Track 6　許しの瞑想
***** *

　これは，許す力を養う瞑想です。ここでは３つの方向の許しをつちかいます。

　目をそっと閉じて，自然な呼吸で，ゆったりと座ってください。からだも心も，できる限り，リラックスしましょう。ゆっくりと息を吸って，心に送ってみましょう。許せなかった心を守るために建ててきた壁，そんな繊細な気持ちに，そっと触れてみましょう。自分を許せなかった気持ち，人を許せなかった気持ち。閉じた心の痛みや苦しみにもそっと触れてみましょう。静かに呼吸をしながら，次のような言葉を繰り返してみましょう。そして繰り返すごとに，湧き出るイメージや気持ちが，少し深まっていくのを，見守ってあげましょう。

　まず，他の人からの許しを乞う練習です。
　私自身のつらさ，恐怖，怒りや混乱が原因で，いろいろな形で，私も，人を傷つけ，裏切ったり，見放したり，苦しい思いをさせたことがありました。それに，私自身が気づいていたときもあれば，気づいていなかったときもあったでしょう。
　他の人を傷つけたときのことを思い出してみてください。自分の恐怖や混乱が生じた，苦悩をみてみてください。その，あなた自身の悲しみや悔やみの気持ちを，そっと感じてみてください。やっと，そんな重荷から自らを解放し，許しを乞うわけです。まだ気になる一つひとつの記憶を，必要なだけ時間をかけて，心に浮かべてみましょう。そして，傷つけた人，一人ひとりが頭に浮かんできたら，そのたびに，こうつぶやいてみましょう。「どうぞ私を許してください……どうぞ私を許してください……」。息を吸い息を吐いて。自らの痛みに慈愛をもって触れてみましょう。

　次に，自分自身への許しをつちかう練習です。
　そっと自らに話しかけてみましょう。

他の人たちに苦しみを与えたように，私自身をも，いろんな形で傷つけました。何度も自分を裏切り，見放しました，それは，私の考えの中で，または言葉や行動を通して。自分が気づいていた場合もあれば，気づかずにした場合もあったでしょう。

　自分のかけがえのないからだと命，を感じてみてください。自らを傷つけたときのことを心に思い浮かべてみてください。そのときから引きずってきた，あなた自身の悲しみと，そんな重荷から自らをもうすぐ解放できることを，心に感じてみてください。そんな傷の一つひとつを，丁寧に，許していってあげてください。そして次のような言葉を自らにかけてみましょう。

　「私自身の行動，また沈黙を通して，私の恐怖，苦悩，混乱から，自分を傷つけてしまいました。そんなさまざまな状況に，今心からの許しをさしのべます。自分を許します……私を許します」

　そして最後に自分を傷つけた人たちに許しをさしのべる練習をしましょう。
　こう話しかけてみてください。

　「私も，いろいろな形で，人から，傷つけられ，裏切られ，見放されました。考えの中で，また言葉や行動を通して。それを意識していた場合もあれば，気づいていなかったときもあったでしょう」

　私たちみんな，何らかの形で，裏切られたことがあります。そんなときのことを頭に浮かべてみてください。そのときからずっと心に宿してきた悲しみを感じてみてください。そして，今やっと，できる範囲で，徐々に許していくことで，そんな重荷と悲しみから自らを解放できるということを，感じとってみてください。そして，次のように自分に話しかけてみてください。

　「他の人たちの恐怖，苦悩，混乱や怒りから，私も，いろいろと傷つけられました。そのつらさを心に長いこと引きずってきました。今できる範囲で，許しをさしのべてみましょう。『私を苦しめた人に，許しをさしのべます』『その人たちを許します』」

　ある極度の苦しみの場合，もしかしたら，今までかかえてきた重荷，苦

Track 6　許しの瞑想　　207

悩や怒りが，解き放たれるかわりに，より重くその痛みを感じることもあるかもしれません。そしたら，そんな気持ちに，そっと，慈悲をもって，触れてみましょう。まだ許す心の準備ができていないこと，まだそれを解き放って先に進めないことを，わかってあげて，そんな自分を許してあげましょう。許しは無理強いできません。やさしく，辛抱強く，言葉とイメージを通して，許しの気持ちをつちかっていきましょう。やがて，賢明な慈愛をもって，心が開け，新しい瞬間瞬間を，受け入れていくことが，できるようになるでしょう。

　ご自分に次のような願いを贈ってみてください。「安全でありますように。心が安らぎますように。自分にやさしくなれますように。平穏に生きていけますように」

　鐘が鳴るまでのほんのひととき，自然な呼吸の息づかいとともにこの空間を味わってみてください。

執筆者紹介

黒川由紀子（くろかわ　ゆきこ）【はじめに，第 8 章】
次頁参照

フォーク阿部まり子（Mariko Abe Foulk）【第 1 〜 5 章，付録 CD】
次頁参照

越川房子（こしかわ　ふさこ）【序章】
1991年　早稲田大学大学院文学研究科博士後期課程心理学専攻単位取得退学
現　在　早稲田大学文学学術院心理学コース教授

ローラ・ライス－オシュガー（Laura Rice-Oeschger）【第 3 章】
1997年　ミシガン大学ソーシャルワーク大学院修士課程修了
現　在　ミシガン州アルツハイマー病センター　健康イニシアティヴ・ディレクター，非営利団体プレゼンス・ケア・プロジェクト CEO

毛利伊吹（もうり　いぶき）【第 6 章】
2002年　東京大学大学院総合文化研究科博士課程修了
現　在　上智大学総合人間科学部心理学科准教授

日吉円順（ひよし　えんじゅん）【第 7 章】
2011年　学習院大学大学院人文科学研究科博士前期課程修了
現　在　上智大学臨床心理相談室，慶成会老年学研究所，臨床心理士

編著者紹介

黒川由紀子（くろかわ　ゆきこ）
1996年　上智大学文学部大学院博士後期課程満期退学
現　在　慶成会老年学研究所所長，上智大学名誉教授，臨床心理士，
　　　　博士（保健学）
著　書　『高齢者と心理臨床』誠信書房 2013,『認知症と回想法』金剛出版 2008,『回想法』誠信書房 2005（以上　単著），『いちばん未来のアイデアブック』木楽舎 2016（共監修），『認知症と診断されたあなたへ』医学書院 2006（共編），他多数

フォーク阿部まり子（Mariko Abe Foulk）
1978年　ミシガン大学ソーシャルワーク大学院修士課程修了
現　在　ミシガン大学 Michigan Medicine（医療医学研究部門）老年医学センター，シニア・ソーシャルワーカー，臨床研究員
著　書　『高齢者ケアと在宅医療』中央法規 2008,『医療ソーシャルワーカー新時代』勁草書房 2005（以上　分担執筆），他多数。チームアプローチやマインドフルネスに関する学術論文多数

高齢者のマインドフルネス認知療法
――うつ，緩和ケア，介護者のストレス低減など

2018年4月25日　第1刷発行

編 著 者　　黒　川　由紀子
　　　　　　フォーク阿部まり子
発 行 者　　柴　田　敏　樹
印 刷 者　　藤　森　英　夫

発行所　株式会社　誠信書房
〒112-0012　東京都文京区大塚 3-20-6
電話 03（3946）5666
http://www.seishinshobo.co.jp/

©Yukiko Kurokawa & Mariko Abe Foulk, 2018　印刷／製本：亜細亜印刷㈱
検印省略　落丁・乱丁本はお取り替えいたします
ISBN978-4-414-41639-8 C3011　Printed in Japan

JCOPY　〈(社)出版者著作権管理機構　委託出版物〉
本書の無断複写は著作権法上での例外を除き禁じられています。複写される場合は，そのつど事前に，(社)出版者著作権管理機構（電話 03-3513-6969，FAX03-3513-6979，e-mail: info@jcopy.or.jp）の許諾を得てください。